高俊 编著

要做明白人
——邱明正先生口述历史

上海社会科学院院庆60周年口述系列丛书

复旦大学出版社

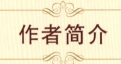

作者简介

高俊，2006年毕业于复旦大学历史系，获历史学博士，2007—2008年在新加坡国立大学中文系从事博士后研究，2009年入选上海市浦江人才计划。现任上海社会科学院历史研究所研究员，从事中国现当代史研究。已发表论文、书评等30余篇，出版《清末劝学所研究》、《中共一大的历史空间》等专著。

内容提要

邱明正同志曾任复旦大学文艺理论教研室主任、艺术教育中心常务副主任；曾任上海社会科学院文学研究所副所长，兼党总支书记、学术委员会及学位委员会主任，曾任《上海文化》杂志社社长、副主编；曾任上海社会科学院学位委员会委员，东西方文化比较研究中心、文化发展研究中心、邓小平理论研究中心副主任；兼任上海美学学会副会长、顾问和文艺美学委员会主任，中华全国文艺理论学会、上海市作家协会、上海电影评论学会理事等；曾任上海市学位委员会哲学社会科学评审委员会文学分评审委员会委员，上海优秀文学艺术奖文学分评审委员会副主任，上海中长篇小说奖终评委委员等。享受国务院特殊津贴。主要著作有《审美心理学》、《美学讲座》、《中华文化通志·美育志》、《邓小平文艺思想论稿》、《文艺美学散论》等；主编《上海文学通史》、《新时期文学三十年》、《上海文学批评五十年·理论卷》、《形象思维问题参考资料》；任《辞海》、《大辞海》"美学"学科主编，《哲学大辞典》副主编和"美学"主编，《美学小辞典》主编，《美学大辞典》、《艺术美学辞典》副主编，《海上文学百家文库》副主编，出版学术著作18种。发表论文、评论百余篇。本书全面回顾了半个多世纪以来邱明正同志的治学心得和学术生涯，具有较高的学术史、文化史及社会史研究价值。

1981年复旦大学中文系文艺理论教研室全体人员合影

1983年主持全国美学讲习班,结业时与部分学员合影(前排左二、三、四、五分别为徐俊西、蒋孔阳、章培恒和邱明正)

1992年与冯契（左三）、蒋孔阳（左二）一起参加复旦大学中文系博士论文答辩会

1998年应邀赴京，在全国文化厅、局长会议上作"论文化力的增长与综合国力的增强"报告后，与文化部长孙家正（左五）等合影

1996年赴陕西瞻仰黄帝陵

2015年,上海社科院文学研究所同仁为邱明正庆贺寿辰

美学、文艺理论、文学史部分著作

担任主编或学科主编的部分辞书

"物华天宝 人杰地灵"（隶书）

2017年与夫人华馥仙金婚纪念

2013年全家三代人欢聚在一起

序 言

上海社会科学院(以下简称为"上海社科院")成立于1958年,由1956年组建的中国科学院上海经济研究所和中国科学院上海历史研究所(复旦大学历史系),以及上海财经学院、华东政法学院、复旦大学法律系合并而成,至今已经60周年。

60年来,上海社科院作为成立最早、规模最大的地方社科院,作为党和政府的思想库、智囊团,无论是在基础学科领域还是在应用研究领域都做出了积极贡献。上海社科院从建院之初就汇聚了一大批理论扎实、学养深厚的学者,其中有投身革命文武兼备的高级将领,有在学术领域钻研多年的专家教授,也有从海外学成归来的知名学者,如李培南、雷经天、沈志远、李亚农、黄逸峰、姚耐、冯契、孙怀仁、雍文远、邹依仁、王惟中、周伯棣、汤志钧、褚葆一、张仲礼等。在他们的努力下,一批具有重要影响的学术成果陆续推出,《政治经济学教材(社会主义部分)》、《上海小刀会起义史资料汇编》、《鸦片战争末期英军在长江下游的侵略罪行》、《恒丰纱厂的发生发展与改造》、《南洋烟草公司史料汇编》、《解放前后上海物价资料汇编》、《五四运动在上海史料选辑》、《辛亥革命在上海史料选辑》《上海棚户区的变迁》《大隆机器厂的发生发展与改造》等学术成果成为经典。

1978年,党中央、国务院召开全国科学大会,哲学社会科学迎来大发展,上海社科院正式复院。复院之后,上海社科院在努力召集原有学术力量的基础上,积极扩充和发展科研人才队伍。一批著名的专家学者如许本怡、周煦良、方诗铭、陈敏之、唐振常、夏禹龙、姚锡棠、齐乃宽、陈伯海、瞿世镜、伍贻康等成为学术中坚。《旧中国的民族资产阶级》《上海经济发展战略》《柏拉图哲学评述》《戊戌变法史》《沙逊集团在旧中国》《蔡元培传》《中国近代民主思想史》等一批功底扎实的著作陆续推出,其中《住房还是商品》获得首届孙冶方经济科学论文奖,《社会必要产品论》获得第二届孙冶方经济科学著作奖。特别是在张仲礼老院长的支持下,在上海社科院历史研究所、经济研究所诸多同仁的共同努力下,上海史研究异军突起,一大批优秀成果问世,成为国内外学术领域的旗帜性代表。《荣家企业史料》《上海大辞典》《上海城市社会生活史》(丛书)、《上海通史》(1999年版)等成果都取得了广泛的社会影响。

在贡献学术经典的同时,上海社科院密切关注国家战略,聚焦上海发展,在一些事关国家与上海发展的重要问题和决策中发出了自己的声音。如《大力发展商品经济与改革经济管理体制》《对上海长远规划的建议》《关于上海发展对外贸易的九条建议》等为上海市委、市政府提供了很好的决策建议。1982年建议设立长三角经济区、1984年提出举办世博会选址浦东、1985年提出浦东大开发建议,都是涉及国家发展的重大问题,并已成为现实。

2015年上海社科院成为首批国家高端智库建设试点单位。全院以习近平新时代中国特色社会主义思想为指导,积极响应中央加强中国特色新型智库建设的号召,加快构建国内一流、国际知名的社会主义新智库。2018年是上海社科院建院60周年,一个甲子的峥嵘岁月,上海社科院始终立足使命,屹立在时代前沿。理论探索,孜孜以求,实践真知,不曾停歇。

展望未来,发展是第一要务,人才是第一资源。值此建院60周年之际,我们把建院以来著名老一辈专家学者的治学经历与学术思想,以口述史的形式展现出来。通过口述历史总结老一辈专家学者的优秀精神品质和学术风骨,对于帮助青年一代学者更加深刻地学习传承上海社科院的优良学术传统将有十分积极的作用。

典数过往,得温前史,益知创业之艰。传承精神,常怀感恩,弥烈兴邦之志。是以为序,与读者共飨。

于信汇

2018 年 6 月

前言

据说许多年纪大的人都喜欢回忆往事,常触景生情、浮想联翩,以往的乐事、憾事、趣事、恨事都会涌上心头,回味、感慨一番。我年老以后也未能免俗,常常看到、听到一些与己有关甚至毫无关联的事情,都会自觉或不自觉、清晰或模糊地把这些事情和我往年的经历、境遇、所思所想、所爱所憎勾联起来,童年时的失学、辛酸;读大学时的刻苦、失误;"文革"中的苦闷、自律;新时期以来的奋进、繁忙;退休后的"未休"……就像"过电影"一样,在脑子里连篇重播。有时还兴之所至,拿起笔来,在我自拟的《随想录》中写下来,或一事一记,夹叙夹议,或对某一时期生活的追忆、反思,既锻炼我的记忆、思维能力,防止老化,又为我记下往事的点点滴滴,让我回味过往的社会人生。所以当高俊先生告诉我上海社科院为庆祝建院 60 周年,准备在年逾古稀的学者中选择一些人作个人口述历史,我也名列其中时,我既惭愧又高兴。惭愧的是我在科研、工作中并没有作出多大的成绩,比我贡献大的同辈学者比比皆是,我忝列其中,实在是有点滥竽充数的意味;高兴的是我以前在《随想录》中曾写过若干片断,现在将这些片断连缀起来并不十分困难。而且我私下还觉得,在我这80多年的生涯中,既经历过新中国建立前后社会的剧变,"文化大革命"前后思想的变化,两个世纪之交和我退休前后多种不同的生活,尤其是经历过一系列政治运动,又数十年从事学术研究,担任过多种职务,感受过"双肩挑"的甘苦……我的这种生活经历,虽然没有大起大落,却也有些波澜,和我们这个时代的发展似乎有颇多相合之处,而我在学习、研究、工作以及多种政治运动中的所遇所思、成败得失、经验教训,又和我们这一代知识分子的命运似乎也息息相通,如果把它记录下来,从一个个体的角度,反映这个时代的变迁,观照我们这一代知识分子命运的变易,是不是还有那么一点意思?所以我就不揣冒昧陆陆续续谈一些、写一些,终于记成了这么一本小册子。

我年事已高,记忆和表述可能有误,尚请读此书的朋友多多指正。不过这里我需要说明一点:口述历史的生命和最大的价值在于真实,我口述和叙写的往事都是彼时彼地实际发生的事情,没有作任意的虚构和夸张,而我对那些往事的评说,也都是我当时实际的感受、体验和认识,没有把我今天的认识附丽到我以前的思想、境界上去。我觉得口述历史应该是信史。

在这本小册子的编写、出版过程中,高俊先生和复旦大学出版社编辑梁玲女士等都给予了我很多的帮助,尤其是由于上海社科院领导发起、组织编写这套口述历史,才使我这本小册子得以面世。在此我一并向他们表示诚挚的谢意!同时,我还想借此机会,向我的老师、朋友、同学、同事以及我的家人数十年来对我的关怀、帮助,表示衷心的感谢!并向我的母校——我在那里学习、工作了整整35年的复旦大学和在那里工作了整整10年的上海社科院文学所,致以崇高的敬礼!

邱明正

2018年12月记于上海社科院

目 录

序言 ··· 1

前言 ··· 1

一、学生时代 ·· 1
   私塾三辍学，小学三学期 / 1
   青年团员 / 7
   开始与文学结缘 / 11
   "向科学进军" / 13
   "温情主义"？ / 17
   欠了老师一笔"债" / 19
   参与同学自编教材 / 22
   入党，毕业 / 25

二、初当教师 ·· 30
   断断续续上讲坛 / 30
   整顿"三类队" / 33
   "四清"工作团党委调研员 / 36

"三湾办学" / 39

三、"文革"十年 …………………………………………… 42
　　惶惑 / 42
　　"逍遥派"与"明白人" / 44
　　与工、军宣队打交道 / 50
　　在"五七文科" / 53
　　从农业大学到鲁迅纪念馆 / 56
　　在"常锋"组里藏锋 / 60
　　与外国人谈学术 / 64
　　拒批周，痛悼周 / 69

四、奋发在新时期 …………………………………………… 73
　　狠批极左思潮 / 73
　　"试论'共同美'" / 79
　　从《美学讲座》到《审美心理学》 / 83
　　我与上海美学学会 / 90
　　我与上海市作家协会 / 93
　　我与电影评论学会 / 95
　　"导师" / 100
　　淡泊名位 / 103
　　告别母校 / 108

五、在文学所的岁月 ………………………………………… 112
　　反思群众运动 / 112
　　完善制度，约束自我 / 116
　　开门办所 / 122
　　倡导科研方向"转型" / 129

初涉文化研究 / 133

《中国文化通志·美育志》 / 139

6篇纪念《讲话》文章 / 141

为什么研究邓小平文艺思想 / 146

笑谈"上电视" / 154

六、退而未休 … **159**

应聘 / 159

畅游"辞海"40年 / 165

从《上海文学通史》到《海上文学百家文库》 / 170

乐练书法，怡情悦性 / 175

向往旅游览胜，安享天伦之乐 / 178

结语 … **186**

附录 … **188**

附录一　大事年表 / 188

附录二　著作目录 / 195

后记 … **197**

一、学生时代

私塾三辍学，小学三学期

1935年农历九月初九那天早晨，我出生在江苏省扬州市邗江县邱港村一个农民家庭。我家原是一个大家族，祖上兼经商，在村里曾经显赫一时，但到我出生时，这个家族已经败落了。在六进前后相连开始破败的房子里，住着堂房叔伯兄弟姐妹二三十人。唯独我家这一房是单传，我没有兄弟姐妹，也没有叔伯姑嫂。我母亲种地、信佛，又有点文化，父亲在南京一家公司当职员，靠他每月寄回的养家费，我家还算得上是村里的"小康之家"。可是到我3岁那一年，万恶的日本鬼子打进来，我父亲随所供职的公司内撤到重庆，由于战火隔绝，不久便与家里断了音讯，我家的生活顿时一落千丈。我母亲体弱多病，爷爷奶奶年迈，单靠几亩薄田已很难维持生活，有时穷得连吃一碗糙米干饭都成了奢望。生活的变迁，乡下人的白眼，在我稚嫩的心灵里开始尝到了人间的冷暖，同时又养成了影响我一辈子的自尊心。

据我母亲说，我出生的那天是重阳节，上午还是阴雨绵绵，午后突然晴空万里、阳光灿烂。她觉得有点蹊跷，是不是有什么征兆？便让一个游走乡间的瞎子给我算命。瞎子信口开河，说九月初九是"双阳"，上午阴雨，这孩子前半生恐有灾星缠身，要经受磨难；下午阳光灿烂，这孩子的后半生吉星高照,官运亨通,说不定要当宰相!我爷爷听了哈哈大笑,说这个瞎子只会说瞎话,现在哪里还有宰相?我6岁的时候,爷爷把我送到前后诸村唯一的私塾去读书,并给我起了个学名"邱明正",意思是不求当大官发大财,只要我"光明正大"地做人、做事。后来在"文化大革命"中,我把它延伸为"要做明白人,只做正当事"。再后来我当了学者,又把它延伸为"治学求明理,处事谋正道",作为我的座右铭,没想到这个名字竟影响了我的一生。

这所私塾很小,只有八九个学生。在由破柴草房改制的教室里,既没有黑板、粉笔,也没有笔墨纸砚,连课桌椅也是学生从家里搬来的破板桌、长条凳。教师是我的跷脚堂兄,他先教我们识方块字,然后教《百家姓》,一空下来就拿一支秃毛笔蘸了清水在一块大方砖上练字,水很快汲干以后,他就再写。我读《百家姓》引不起什么兴趣,看他练字倒成了我最大的乐趣,常边看边用手指比划、摹仿。每到逢年过节或村里有人家办婚丧喜事,常请我的塾师写对联、寿幛之类,我便帮老师磨墨,他写好一张,我便小心翼翼地拿开晾干,有时也拿起笔来在方砖上、废纸上涂涂划划,十分快乐。正当这位堂兄老师准备正式教我写字时,他却突然离开家乡,到别处谋生去了。我非但失去学习书法的机会,而且在这所私塾里只待了几个月,就第一次失学了!

那时日、伪肆虐,兵荒马乱,又加连年灾荒,村里人连吃饱穿暖都困难重重,哪里还有钱办学校、聘塾师?直到两年以后,才由几家人家各出一斗米的钱,请一位年老多病、无业无子无女的孤独老人邱月胡先生,仍到那间破柴草房给我们上课。那时我已8岁,读的是《三字经》。所谓"读"实际上就是"念",什么"人之初,性本善",老师从来不讲解,只是叫我们念、背,念错几个字,背错一句话,就操起戒尺打手心。但是我却喜欢这位老师,因为他开始正式教我们写毛笔字了。那时在我们家乡若要学写字,只有写毛笔字,很少看到铅笔,而钢笔是什么样子根本没有见过,当然更没有什么圆珠笔了。老师教写毛笔字的方法很简单,即笔要竖得直,笔杆要捏得紧。当我们正聚精会神写字时,他常悄悄走到我们身后,猛拔我们笔杆,如果被他一把拔掉,他顺手就在学生的后脑勺上来一巴掌!有个同学被打哭了,用那沾了墨汁的手去擦眼泪,弄得满脸墨黑,成了个可笑的大花脸!能够念书写字,我们还是很高兴的,可是念了不到一年,月胡先生病倒了,我又第二次失学了!

无处读书,我便开始参加一些轻微的农活。一到农闲,我便觉得十分无聊。有一次捡到一块破缺的方砖,便洗刷干净用来练毛笔字。还有一次实在闷得慌,便乱翻橱柜,竟翻出一本好多年前的缺了封面的《皇历》,我见上面布满文字,高兴极了,便津津有味地读起来。爷爷见到我读这种旧《皇历》,既欣慰,又有些伤感,便咬咬牙从亲友那里借了3斗米的钱,把我送到两里路以外的杭集镇一家私塾去借读。

我早就听说那家私塾里的老师周先生非常严厉,路过那里的人常常听到从屋里传出学生哇哇大哭的声音。还听说他打学生,学生必须放声大哭,好让外面人听到,如果不哭或低声饮泣,他便打得更凶。听到这些传说,心里真是害怕,但我实在太想读书了,只好硬着头皮去了。这所私塾有3间房,20多个学生,年龄大的已十七八岁,读的是《大学》和《中庸》,据说学费是1石米左右。我9岁,读的则是《千字文》,应交学费3~5斗米。当爷爷缴上那借来的3斗米钱时,周老师的脸色很阴沉,爷爷大概没有察觉到,还对周老师说:"我家这孩子喜欢读书,喜欢写字,老师什么时候方便,能否教他学写作文?"周老师轻蔑地咧嘴一笑,没有说什么。这位老师和我以前的塾师月胡先生一样,也是只教我们念书、背书,从来不作讲解。和月胡先生不同的是,他打学生不是用戒尺打手心,而是挥舞一根3尺多长的藤条,在学生头上、背上猛抽猛打,直到学生发出嚎啕大哭的声响,他才满意地笑笑,放下那根像死蛇一样的藤条。有次轮到我背书,由于心里发慌,背漏了一句,只听得"呼"的一声,背上顿时像火灼一样,疼得我"哦"的一声哭了。不知他是嫌我哭声不够响,还是嫌我交的学费太少,他一面抽打,一面恶狠狠地骂道:"你还配'捉蚊'(作文)?你去捉苍蝇吧!"我知道他是讽刺我和我的爷爷,气得浑身发抖,便忍住不哭了,任他抽打。他见我趴在地上,紧闭嘴唇,不哭不叫,那根藤条就像雨点一样,在我身上乱抽乱打。那天放学后,我忍着羞辱和疼痛,一步一步地回到家。我母亲看我被打成那样,心疼得眼泪直流。脱下我的衣服,只见头上、背上、臂上布满了一条条伤痕,红肿了一大片,气得我爷爷躺倒在床上,唉声叹气。我奶奶恨恨地说:"都因为我们家穷,少付了点学费,就受人欺侮。你爸爸什么时候回来呀?儿子,快回来吧,回来吧!"她这一说,正说到我们家每个人心头的痛处,引得全家人哭声一片。

从此以后,我就不再到那里去上课了,我又第三次失学了!

我那鞭笞的伤痕已渐渐痊愈,但那嘲弄、讽刺的恶语却永远刻印在我的心头,我可以忍受挨打,但无法忍受这种羞辱!我不信我会永远这样穷下去,更不信我会永远这样不配读书,不配写作文!

我们都盼着我爸爸早日归来。一年以后,日寇投降了,爸爸来信了,说他已经到上海,正在交通银行工作,等他安顿好以后,就回来探亲,并且接我到上海来读书。

1947年初夏的一天,村里人正忙着插秧,我赤着一双脚,扛着一根两头捆着十几束秧苗的长竹竿,正向稻田走去,忽听得有人大声呼喊:"明正哎,快回家去,你爸爸回来了!"啊!我爸爸回来了?好啊,我又可以读书了,我做梦都想读书,现在要到上海新式学校去读书了!我高兴极了,把竹竿一放,身轻得像燕子一样向家里飞去。可是才飞了几步,就突然停下来:糟了,我到上海去,我妈怎么办?她要服侍老迈的爷爷,是无论如何也不肯到上海去的。我走了,她以后的日子怎么过?想到这里,我鼻子发酸。同时,我还有点恐惧:我3岁的时候,父亲就离家远去,我对他已经没有任何印象,现在要和完全陌生的父亲到那个完全陌生的大城市去,我能适应吗?

离开家乡的那一天,我穿起父亲从上海带回来的新衣裤和一双新球鞋,拎着一个小包裹,哭哭啼啼地和母亲、爷爷告别。那时我们家乡只有独轮车,连自行车也只有在镇上才偶尔见到,当然更没有公共汽车了。我和父亲步行了近十里路,才在一个荒滩搭乘上一艘开往镇江的小火轮。这种小火轮全长大约只有十多米,在江上游弋起来摇摇晃晃。如果有一只皮球落在甲板上,不仅会滚来滚去,甚至还会跳起来。我无心欣赏两岸的风景,只想着正在家里哭泣的母亲。父亲也是默默的,船抵达镇江码头时,他才说了句:"到了,下船吧。"

这是我第一次进城,第一次看到黄包车、三轮车、马车和汽车,第一次看到三四层高的楼房,还第一次进了一家小餐馆、吃了一碗咸菜肉丝面。我对什么都觉得新鲜,什么都要看,当跌跌撞撞进了一道栅栏门,才知道进了火车站。只听见从西边传来一阵像打雷一样的轰隆声,好像还伴着一阵大风,一列黑乎乎的大家伙轰隆隆地驶进车站。我定睛一看,嚯唷,这种火车竟然比我们邱港村整个村庄还要长!当我踏进车厢,看到那里坐了那么多人,便觉得不可思议,是什么东西有那么大的力气,能够拖走这么长、这么重的庞然大物,还像飞一样地向前方奔驰?

晚上7点左右,我们到了上海。刚出车站,猛然看到一幢大楼向我"冲"来,吓得我差点叫起来,仔细一看,车站前的那座楼并没有动,而是一辆有轨电车开来停在我面前。我刚登上车,只听得"叮叮当,叮叮当"声,电车开动了。这是我第一次到上海,第一次乘电车,第一次看到红红绿绿、闪闪烁烁的霓虹灯,第一次看到直插云霄的摩天大楼,第一次闻到汽油味,第一次……

我离开家乡、痛别母亲到上海来的唯一目的,就是为了进学校读书。我母亲甘受寂寞、忍痛让我到上海来的唯一目的,也是为了让我到上海来读书。父亲曾带着我到我家附近的几所小学去应试,都因为我除了语文基础比较好之外,其他课程都没有学过,老师认为我无法跟班,谢绝了父亲。我没办法,只好到一家典型的"弄堂学校"——惠恒小学去试试,老师接受了我,但不同意把我编入同龄人所在的高年级,只让我从三年级上学期读起。

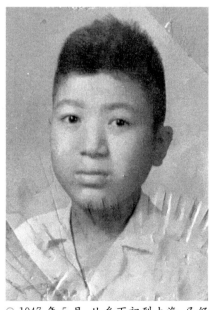

◉ 1947年5月,从乡下初到上海,已经12岁才读小学三年级(上学期)

惠恒小学坐落在岳阳路、建国西路口的建业里，是由一套石库门住宅改建而成的，底层客厅做了五、六年级的合班教室，厢房是一、二年级的教室，小天井就算是"操场"，厨房则改成了厕所，亭子间是老师的办公室，二楼前楼卧室便是三、四年级的合班教室，我就在这间教室里上课。我那时已经12岁，是全班年龄最大的学生，天天和那些八九岁的同学坐在一起听课，总觉得有点难为情。更让我尴尬的是老师上课大多说上海话，我就像腾云驾雾，几乎完全听不懂。有一次"常识"课测验是选择题，老师告诉我们要在每一题的括号里填写对应的"1"、"2"、"3"的选项。因为我听不懂老师用上海话讲的做题要求和方法，只好在括号里乱填一通，闹出许多笑话。不过我学习很用功，没过多久就跟上了。到学期结束时，我的成绩已是全班第二名，我的毛笔字还得了全校第一名，很受老师的赞扬，说作为一名三年级的学生，毛笔字就超过高年级同学，这在以前好像没有过。

⊙ 1948年春，跳级读小学四年级（下学期）；穿长衫，胸口有小学三角形校徽

拿到成绩单以后，我的心痒痒的，觉得自己已经13岁了，再和那些小弟弟、小妹妹同坐一间教室里，很是脸上无光，于是便以"同等学历"的资格考取了坐落在永嘉路上的中国小学，插班进了四年级下学期，跳级一年。这所中国小学比惠恒小学大得多，也正规得多。开始时因为跳级，我的算术课学起来比较费劲。但我有点悟性，到学期结束时，各门功课又名列前茅，毛笔字又得了全校第一名，还被老师贴在橱窗里展览。当我顺利地升到五年级，因为成绩优秀，我又跳级了，这次是直接跳到了初中一年级。

所以，我的正规小学一共只上了3个学期。

青年团员

1949年5月上旬,郊外传来隐隐的炮声,那些当官的、做投机买卖的纷纷逃离上海。随着炮声越来越近,有的学校已经开始停课,家长们都告诫我们这些孩子不许乱跑,不要走出我们小区——永嘉新村。但是我们都耐不住,还是到附近去走走。在衡山路与迪化路(今乌鲁木齐路)的交叉口,发现新筑了两座碉堡,一高一低,枪口都对着徐家汇方向。在永嘉路和岳阳路的交叉路口,也有一座碉堡,枪口对着枫林桥方向。仅在我家附近就有3座碉堡,可想而知,整个上海,尤其是郊区,该有多少碉堡啊!看来一场恶战是不可避免的了。但是,这种钢筋水泥的碉堡真能阻挡解放军进城吗?不要说大人们怀疑,连我这个14岁的少年都不相信。

对于共产党、解放军我知道的不多,但我在家乡原江都县(后改为邗江县)曾见到过新四军。我们家乡是新四军和日寇及其走狗汪伪军"和平军"的摩擦地区。村里人都知道新四军是打日本鬼子的,而且两次亲眼看到新四军打败了"和平军",有的年轻人还参加了新四军。对于"和平军"我们则恨之入骨,因为他们一来就"拉夫"、"抓壮丁",抢东西、烧房子,吓得年轻男人和女人都躲起来。我想现在守上海的国民党军队大概和那时的"和平军"是一伙儿的,而围攻上海的解放军肯定和当年的新四军是一家人,所以我相信解放军一定很快就会解放上海。

5月中旬,我们听不到炮声了,只是远远地听到一些枪声。5月25日夜里,枪声大作,还隐隐能够听到奔跑声、吆喝声。第二天早晨,枪声停息了,有人在弄堂里大声呼叫:"解放军进城了,快到前门去看,马路旁睡了很多人!"我和几个胆大的小朋友跑去一看,永嘉路两侧的人行道上果然并排躺着许多人,一个个都抱着枪,头朝墙、脚朝马路都睡着了。他们为什么睡在地上?我一时还不大明白,只听到身边有大人说:"军队进城,不打扰百姓,却睡在水泥地上,我从来没有见过!""这是正义之师,这是纪律严明的军队!"我似乎懂得了一些。再抬头远望,只见马路上空挂着两幅红色大标语:

"热烈庆祝上海解放!""欢迎人民解放军!"哦,是人民自己的军队来了!上海解放了!

上海解放了。刚开始时,我对"解放"的意义还理解得不深,但是解放前那些凄惨的情景,我曾看到、听到乃至经历到不少。以前在扬州农村,因为贫穷、瘟疫、灾荒、日伪的肆虐和横征暴敛,地痞流氓欺压邻里,村里饿死、病死和被日本兵汪伪军杀死的人很多,经常听到远远近近传来凄厉的哭声。有的人家死了孩子,无钱买棺材,无地做坟墓,就用芦苇席包裹了尸体,抛在野坟堆里,被一群野狗撕咬吞食!我家原来可算是村里的"小康"人家,但在那兵荒灾荒的年月,也弄得家无隔日粮,几乎要落到以"观音土"(一种灰白色的泥土)充饥的地步!村里有的人就是吃了这种泥土腹胀而死的。1947年,我到上海后,这个所谓的"十里洋场"实际上也是穷人的坟墓。仅仅是1948年,我在上海就亲眼看到几出人间惨剧。那年春节刚过,一天早晨我在一座花园洋房的大门前,看到一个衣衫破烂、脸色黑紫的农民模样的人蜷缩在台阶上一动不动。有人告诉我,这个人是从乡下逃难到上海来讨饭的,昨夜天冷,他已经冻死了!那年春天,我在肇家浜河岸边(现肇家浜路绿化带)看到一长串用破竹片、碎布块搭成的"滚地龙",无数的难民就在这低矮的不遮风雨的破屋里居住着、煎熬着。在那乌黑腥臭的河水里则漂浮着死猫死狗和小孩的尸体。这种情景使我意识到,这些逃到城市里来的难民灾民,其命运和滞留在乡下的人其实一样悲苦。

那年初夏,我在小学读书,有位很年轻的女教师非常爱打扮,烫发,穿花旗袍、高跟鞋,还涂口红,在教师中显得很"异类",引起许多同学的不满,尤其是她在上课时也常常忧心忡忡、无精打采,甚至念错课文、写错字。不久她就被解职了。后来我才听说,这位老师刚刚从师范学校毕业不久,上有年老多病的父母,下有两个弟妹,当教师的那点微薄收入根本无法维持家庭生活,她不得不在上课之余,到舞厅去当舞女。怪不得她天天打扮,郁郁寡欢,精神不振,她也是被生活所迫!

再说那年秋天,我路过贝当路(今衡山路),正准备横穿马路时,忽见从徐家汇那里开来一辆吉普车,车速极快,而且歪歪斜斜、横冲直撞。一看便知,那是在大街上常见的喝醉酒的美国兵的军车。当这辆车从我眼前闪过时,只见那些行驶的自行车、三轮车、汽车早已纷纷让在路边,深恐被那辆美国军车撞上。大家听说前不久,在林森路(今淮海中路)上有人被美国吉普车撞成重伤,当警察赶到时,那辆吉普车早已扬长而去。正当我义愤填膺、无处宣泄时,又见从国际礼拜堂那边走来一男一女两个外国人和一条狗。男的大腹便便,昂首阔步,嘴里叼着一根雪茄烟,手里甩着一根"死的克"(手杖);女的披一件短大衣,玻璃丝袜直通大腿,左臂勾一只拎包,右手牵一条龇牙咧嘴的狗。他们两人一狗并肩而行,把那仅1米多宽的水泥板铺的人行道占得满满当当,当迎面走来中国人时,这两个洋鬼子和那条狗一点也不让路,甚至连身子都不侧一下,径直昂首向前,就像主子路遇奴仆一样。看到这些情景,我不由沉思,这是中国的土地呀,为什么让外国人来横行霸道?这条贝当路以前属于法租界,现在不是说已经收回了吗?为什么中国人仍然在受欺压?

  上海解放时,我已经是肇光中学的初一学生。由于我出身于职员家庭,没有像工人那样有强烈的翻身感。但是解放前后的所见所闻,让我逐步体验到什么是解放,树立了热爱新中国、热爱共产党的思想,并且加入了新民主主义青年团。有几件事对我的影响很大。一是抗美援朝运动,我一开始就投入"反对恐美、崇美、亲美"的思想学习,意识到中国固穷,但面对强敌,绝不能奴颜婢膝。当志愿军开赴前线时,我也和老师、同学一起上街游行,高呼"打倒美帝国主义"、"美国佬从朝鲜滚出去!"等口号,高唱"雄赳赳,气昂昂,跨过鸭绿江……打败美国野心狼!"等歌曲。当从广播里听到中国人民志愿军打了胜仗,我就有一种非常强烈的从未体验过的自豪感!想想解放前美国佬在上海耀武扬威、中国人忍气吞声的情景,现在终于可以扬眉吐气了!当发起捐献飞机大炮、支援前线的运动时,我正为口袋里没有零用钱而感到羞愧、焦急,忽然听说可以用献血支援志愿军战士,我立即奔到卫生所,献了200毫升的血。抽血以后,护士发给我一杯牛奶、一块蛋糕,我吃起来觉得特别的香甜。

  二是镇压反革命运动。除了抓特务、镇压有血债的反革命分子外,还揭发、控诉一批无恶不作的恶霸。有一天,全上海举行镇反广播大会,我们在教室里听广播,只听见会场里不断传来哭声、口号声,原来是在揭发、控诉上海一家纺织厂的"拿摩温"(工头)——王小毛和他的妻子、儿子。他们在解放前依靠反动政府和黑社会势力,欺压工人,敲诈勒索,强奸多名女工,还害死了几个人。受害人上台揭发、控诉时悲愤至极,昏倒在台上,万名与会群众愤怒齐吼"坚决镇压反革命","血债要用血来还"!当法院宣布判这3人死刑时,会场又发出"中国共产党万岁!"的欢呼声。我们在教室里也高高举起了拳头。我以前在乡下和到上海后,也看到、听到过许多恶人恶行,现在终于到了老百姓报仇雪恨的时候,真是大快人心,怎不高呼万岁!

三是自办"苏联成就展览会"。对于苏联,我以前可谓一无所知。上海解放后,蒋介石常派飞机到上海来轰炸。1950年2月6日那天,上海发电厂等处中了炸弹,浓烟滚滚,笼罩了半个上海城。有一天当敌机来时,上海市区突然万炮齐鸣,击落了一架美制轰炸机,从此敌机再也不敢来侵犯上海。我们知道,此时签订了《中苏友好同盟互助条约》,苏联卖给中国许多飞机、坦克、高射炮,巩固了国防。正好此时报纸上、广播里,天天都在宣传"学习苏联老大哥","中苏友好万岁",大大增强了我们对苏联的亲和力和对斯大林的崇敬,我和许多同学都参加了"中苏友好协会"。以后凡是看到介绍苏联的书籍、报纸、画报,我们都保存下来,真希望我们中国很快就像苏联那样发达、强大。记不清是哪位老师或同学突发奇想:我们何不利用已有的资料,自己办一个介绍苏联伟大成就的小型展览会?这个倡议立即得到班上同学的响应,尤其是我们几个青年团员,班干部李国英、王宝山、林亚卿、徐赫和我(其时我是学习委员)更是一马当先,分头收集、选择、剪辑材料,布置会场。我负责起草图片说明和誊写说明文。我们忙碌了将近一个月,"苏联成就展览会"终于开幕了!展品中有斯大林叼着大烟斗规划新五年计划的宣传画,有毛泽东访苏时与斯大林的合影,更多的是介绍苏联建设成就,如古比雪夫水电站、大型钢铁厂、伏尔加河大桥、新式飞机和军舰、在田野上奔驰的拖拉机、肥壮如牛的乌克兰大白猪……当然还有油画、芭蕾、歌剧、音乐会以及各种体育比赛的照片。展出后不仅全校师生都来参观,还引起许多市民来观看,前前后后有观众几千人。我们既当讲解员,又当接待员,忙得不亦乐乎。通过办展览,我们都有一种从未体验过的成就感和对团结协作的深切感受,更是增强了我们的爱国热情和对祖国美好未来的向往,我们这几个班干部也成为终生的朋友。

通过参加以上的政治运动,尤其是1951年3月,经由李国英、徐伟达的介绍,我加入了新民主主义青年团(1957年改称"共青团")以后,便更加自觉地学习、观察、思考,对共产党、新中国加深了认识,对中国未来美好前景充满了期待和信心,并初步树立了"爱国、勤奋、正直"的人生信条和为祖国繁荣昌盛而不懈努力的决心。1952年6月,在我初中即将毕业时,听说南京有一所培养革命军人、干部的"革命军政大学"(简称"革大")正在招生,我立即写了封热情洋溢的信寄去,表示希望到那里学习,将来当个革命军人保卫伟大祖国,信封上的署名是"校长同志收"。不久我便接到回信,说他们只收现役军人和18岁以上的知识青年,而我当时才刚满16岁。非常遗憾,我这革命军人的梦想没有实现,否则我的未来就完全是另外一个样子。

开始与文学结缘

进入肇光中学后,由于不再跳级,我的学习压力不大,学习成绩也比较平稳,还当上了年级学习委员。我对每门课都感兴趣,尤其喜欢语文课。每次发下语文新课本,我总是一口气把它从第一篇读到最后一篇,上课时便听教师的讲解。我们的语文教师是位满头白发、戴着高度近视镜的老先生。他上课常点名让学生站起来朗读课文——古今文学名著,然后便教新词语和分析"中心思想"、"段落大意",显得有些沉闷。有次他生病了,由一位很年轻、穿着很朴素的曹老师来代课,据说他是复旦大学即将毕业的学生。他不仅分析课文的主题、思想,还介绍李白、杜甫、鲁迅、茅盾和普希金、契诃夫等中外作家的生平、轶事、写作背景,并着重从哲学、政治、历史等方面分析作品的思想价值和各自的创作方法、个性风格、艺术特色,还详细分析艺术形象及其表现手法。这使我大开眼界,原来文学里还有这么多的学问,分析文学作品还有这么多的门道!我与文学结缘可以说就是从此开始的。我的文学课外阅读兴趣愈来愈广泛,并且我愈来愈喜欢学着分析文学作品。学校附近有家鸿英图书馆,我常去看书、借书,读了许多古典文学作品,如《三国演义》《水浒传》以及《史记》等。我最喜欢读的是《红楼梦》,比较喜欢薛宝钗、史湘云;不大喜欢林黛玉,觉得她老是哭哭啼啼、小心眼;最欣赏的是袭人,她最善解人意、最体贴贾宝玉。我因为没有兄弟姐妹,觉得孤单,心想如果有一个像袭人那样的姐妹该多好!后来才知道,我那时的理解是多么幼稚!现当代作家如鲁迅、茅盾、巴金、叶圣陶的作品以及古典诗词、散文,我也读了不少,但对鲁迅的杂文,李白、杜甫、苏轼的诗词,只觉得很深刻、很美,但深在何处、美在哪里,却说不清楚,尤其是对这些作家何以写出如此伟大的作品,则更是想不明白。正是因为想不明白、说不清楚,也就更加激起我要想明白、说清楚的强烈愿望和劲头,于是我便开始阅读文学评论和文学史研究著作。所以,我在初中阶段阅读优秀文学作品和论著时,虽然有时难免有点囫囵吞枣、粗知大概,但从那时开始的那种求知和探究的倔劲儿,却为我以后的文学学习和研究培养了良好的习惯和学风。

1952年,我进入北郊中学读高中。在高中3年,我的文科成绩比理科成绩好;在文科中,语文成绩比其他文科成绩好;在语文中,作文成绩最好。大概我一直没有忘记9岁读私塾时,那位周老师讥讽我不配"捉蚊"(作文),只配"捉苍蝇"!其实我应该感谢这位老师,他的嘲讽大大激励了我,成为我学习的动力。所以,我进入正规小学以后,便开始很自觉地练习抒情或叙事的小作文,读初中时开始学写议论文,还写过一篇短篇小说。进高中后,写作更勤。那时班上同学的作文能够得到80分,已是罕见的高分,而我几乎每篇都

◉ 1955年,毕业于上海北郊中学,考入复旦大学中文系

是 80 分以上。有一次自命题作文竟得了 88 分！老师在课堂上感慨地说，他教语文已经 20 多年，这是第一次给作文打 85 分以上的高分，并且当场朗读这篇作文最出彩的段落，读后还分析它好在哪里，令同学十分钦佩。1954 年秋，语文教研组组长陈幼朴老先生在高中部成立了一个文学兴趣小组，吸收作文好的高中同学参加，让我当了组长。在一次作文比赛中，我写了篇《论贾宝玉林黛玉的悲剧》，约 3 千字。陈老师读后大为惊讶，对其他老师说："一个中学生竟能写出这样有深度的论文，这是我教了几十年语文从未遇到过的！"他给我打了 93 分！还让人用大字誊录下来，贴在宣传栏里供师生们欣赏。不消说我得了全校第一名！这件事给我一个启示：看来我在文学方面还有一些优势和特长，我将来似乎可以从事文学事业。所以，我高中毕业时，便报考了复旦大学中文系，不久便进入我仰慕已久、梦寐以求的复旦大学，从此我便开始走上文学的道路！

"向科学进军"

1955 年 8 月底，我夹着一卷被褥，拎着放满热水瓶、饭碗、洗漱用具和一条草席的网线袋，兴奋而又惴惴不安地跨进了复旦大学校门。我终于从一个乡下孩子成为一名大学生了！我是我们家族、我们村乃至我们家乡邻近几个村的第一个大学生！我又有点紧张，不知是否能适应大学的生活。可是过了不久，我就突然觉得我仿佛并不是什么外来的"新生"，而是如鱼得水，早已成为"复旦人"中的一员！

我们年级是首届五年制，有 90 个同学，分甲、乙、丙 3 个班。大概是从我的履历表上知道我在中学里当过班干部，就任命我为丙班班长。我们很快就知道了中文系的一些名教授，如郭绍虞、刘大杰、朱东润、吴文祺、张世禄、赵景深、陈子展、蒋天枢、王欣夫等，都是大名鼎鼎的教授，而一些"中年教师"如蒋孔阳、濮之珍、王运熙、胡裕树、鲍正鹄等人也早已在学术界崭露头角。我深为有这些名师而感到庆幸和骄傲，除了认真听他们讲课外，还有意识地到图书馆去借阅他们的著作，更被他们高深精湛的学识、鞭辟入里的辨析和在文化科学上的杰出贡献所深深折服和打动,渐渐在心底里形成一种愿望或决心,也可以说是种"野心":我将来要做像他们一样的教授!但这种愿望只能深深地埋在心里,作为驱动自己的鞭子,却不敢公开说,既怕人嘲笑我"异想天开",更怕人说我是走"白专道路"!真奇怪,当教授就是"白专"吗?那些教授都是"白"的?

1956年,中央发出"向科学进军"的号召,要求大家尤其是知识分子、大学生奋发图强,努力学科学、用科学、发展科学,建设现代化的社会主义强国。这给我极大的鼓舞,促使我发奋读书,除了学好已在进行的每门课程外,我几乎天天钻到图书馆里,按我自己制定的计划,借阅大量古今中外文学名著和文艺理论、文学史著作,还提前自学马列著作和哲学、历史著作。我听老师说,读书方法有精读、细读、粗读、选读、浏览等,而要做学问则必须做卡片,积累资料,厚积薄发。我因家里经济拮据,买不起卡片,便买了本廉价的活页簿,在每页活页纸上立一个专题,有文艺理论、文学史、作家作品,有经典著作、哲学、历史等,而在每个专题中,又分成若干细目,凡是在读书中或在报刊中看到有价值的或新颖的观点、分析,或重要的史料,就抄录或摘记在某专题的活页纸上。一页写满了,就继续加页;一本活页簿用完了,就再买活页纸;某专题积累得多了,便用线串起来。几年下来竟积了十几本厚厚的活页簿册,摞起来有一大叠。这是一种属于学术性的"活页卡片",同时我还利用两本没有用完的练习簿,专门摘录文学性、表现力很强的词语、格言和段落。这些资料积累对我很有帮助,一是每笔录一条,都经过分析、思考、选择,加深了对笔录文章内容的理解;二是经过一字一句地抄录或归纳,留下了深刻的记忆;三是当学习和研究某个专题时,随时可以翻阅,参考有关的活页记录,用以开阔思路,使文章有理有据,并可避免与前人雷同;四是提高了我的阅读、思考、写作、表现的能力。当然,这更培养了我的认真刻苦、多思多写、笔不离手的学习态度、方法和习惯。

我除了到图书馆看书、借书外,还下狠心扣下伙食费买了一些书。刚进复旦时,我们的伙食费是免费的,每月标准是12.5元。1956年改为食堂制自费。那时我们年级有1/4同学是调干生,每月有几十元的津贴,而那些富家子弟更不用愁饭钱,他们在食堂可以吃高档菜,有时还到学校周边的小餐馆去打牙祭,据说那里的鱼香肉丝、排骨面、小馄饨味道不错。此外,他们还有余钱,看戏看电影,节假日还相约到外地去旅游。可是这些对我都是无缘的。那时交通银行业务清淡,大量裁员,我父亲也"下岗"了,到一所中学当会计,工资比以前减少了一半,而家中的人口却在增加,父亲每月给我的生活费只有12元,连吃饭钱都不够。那时学校已经有助学金,许多家境贫寒的工农子弟都申请到了,甲等16元,乙等12元,丙等8元,可是我是职员家庭出身,又是班干部,见助学金僧多粥少,就免开尊口了。怎么办呢?我为自己列出3条"决定":在大学求学期间,"一、不买食堂高档菜;二、不参加旅游;三、不谈恋爱"。后两条容易做到,第一条有点难,于是我又立下一条"规定":在父亲给我的这12元生活费中,我吃饭只用8元,留下4元买书。这8元钱吃饭的分配是:早餐两碗粥、3分钱咸菜;午餐只买蔬菜;晚上要看书、写作,晚餐吃些小荤。我是全年级90个同学中吃的最差的一个,或者说是"唯一"!我还有些爱面子,不好意思在食堂里用餐,而是搬到宿舍里单独吃,尽量不让同学看到。我这8元的伙食标准一直坚持到1958年的秋天,我到杨浦区工人业余大学教语文课、拿到讲课费为止,前后共两年多。在这两年里,我没有逛过街,没有进过娱乐场所,而是利用星期日,揣着那4元钱,步行十几里,到四川北路靠近海宁路的那家旧书店去淘旧书,居然被我淘到许多旧版文学名著,如《西厢记》、《牡丹亭》和《离骚》的手抄影印本,还有新华书店、图书馆都很难看到的《玉梨魂》等,甚至还淘到过全套《史记》和《韩昌黎全集》等线装书。最让我感到幸运的是,我一次次跑这家旧书店,居然凑齐了十卷本的《鲁迅全集》!

我就是这样向科学进军的,虽然有点苦,但苦中有乐、苦中有味,甚至还有一种说不清的自豪感:清贫而奋进,大概是值得自诩的吧!在那两年里,我读了不少书,已开始写些小论文、读书札记、散文随笔等,甚至还创作过一出三幕京剧《范进中举》的剧本。我的各门课程考试成绩大都是5分,但也有两门得的是4分。说到这两个4分,还有点趣事。

一门是"民间文学"口试,任课教师是赵景深先生。他是全国闻名的戏曲研究专家，上课时常常边讲边唱，论古道今，十分生动。在口试时，我对考题做了充分的分析、论证，加强了理论深度，还引述了一些民间文学的实例。赵老师很满意，可是他突然提了一个记忆性的问题，要我讲述某个民间口头文学作品的故事、年代、传播地域，并要我背诵几句台词。这个作品我是知道的，但背不出台词、记不清一些具体问题。赵老师很惋惜，给我打了"4＋"分，还安慰我说："你答得很好，你这个4分是最好的4分！"我忍不住笑了，但也意识到我在学习中比较重视理解、分析、归纳，却较少训练记忆能力，这是个缺点。

另一门是"古代汉语"笔试，任课教师是语言学专家张世禄教授。他讲课广征博引，条理清晰，讲到古文字的产生、发展，更是形象、生动。我的古汉语基础较好，原准备考试前一天约略复习一下，便可以轻松得满分。不料那天却被同班同学高明芬死死缠住，要我帮她复习。她是从部队复员的调干生，比我大几岁，古文基础较差，而她又是年级学生会文娱委员，常组织歌咏比赛和交谊舞会，我当时已担任年级学生会主席。她便以"大姐"和"部下"的双重身份，揪住我这个"主席"给她讲古汉语规律，讲语法、修辞和音韵的变化，还要分析几篇古代散文。考试成绩公布后，她喜滋滋地告诉我，她得了5分，而我因为没有系统复习，又遇到了注重记忆的题目，竟然得了个4分！她很尴尬，连忙道歉，我只是笑笑，并不在乎是4分还是5分。顺便说一件事，高明芬常组织交谊舞会，说中央领导常跳交谊舞，大学生也应学跳交谊舞。有一天晚上，她硬拉我去跳舞，我说我对跳舞不感兴趣，也不会跳，不肯去。她就骂我是"老封建"、"老古董"，非去不可！并说我是主席，应该支持她的工作。我无法挣脱，只得跟她去了。到了舞场，她就忙着安排、张罗，我趁她不备，连忙悄悄走出来，溜之乎也！

进大学以后，我对考试分数不很看重，认为得5分只是回答了教师教的内容，并不能证明已经学好了这门课、已经变成了自己的知识和能力。学得好应该超越教师教的内容和教材上写的内容，应该有自己的见解和发挥，应该得6分、7分、8分乃至10分，要融会贯通、会用会写。后来我当了教师和研究生导师，我对学生也是这么要求的，甚至说："每门功课都得5分的未必是好学生，不能超越老师的也算不上是好学生！"

"温情主义"?

1957年3月,党中央发出"整风运动"的号召。要求广泛发动群众,整顿党内的主观主义、官僚主义、宗派主义。很快,上海市委、复旦党委召开了动员大会,号召大家帮助党整风,接着就召开了形形色色、大大小小、党内党外、教师学生的座谈会,听取大家的批评意见。刚开始时,很少有人提批评意见,却有人评功摆好,一直讲成就,不讲缺点、错误。于是再动员,还说什么"高价征求意见",态度诚恳得令人动容。此后座谈会便开始活跃起来,有的人提意见比较含蓄,批评比较温和,或先讲成绩、再提些缺点,诸如党委深入群众不够,有时工作虎头蛇尾,个别干部作风有点简单、粗暴,等等,显然,这是在任何时候对任何人都可以提出的"批评意见"。有的人批评则比较尖锐,有的人还贴出了大字报,批评党委、总支、支部工作中的缺点、错误,有的还直指某些党员干部工作作风、生活作风上的问题,但是我很少看到有直接非议党的方针政策、否定新中国成立后建设成就、批评从中央到地方领导机构和领导人的言论。我所在的中文系二年级有几个同学联名贴出了复旦大学第一张大字报,一时,在学生宿舍走道两侧临时搭建的板墙上贴满了大字报,其内容也大多是就事论事地批评基层领导和干部的一些具体问题。我在课后常去看大字报,不由想起1942年的延安整风运动,还为今天有机会参加这次新的整风运动而感到庆幸!

可是,才过了一个多月,形势突然发生了急转。据说那年5月,中央发了一个文件给党内各级领导干部,指出最近这个时期,在民主党派和高等学校中,右派表现得最坚决、最猖狂,并说我们还要让他们猖狂一个时期,让他们走到顶点。也就是说,要引蛇出洞、钓鱼上钩、聚而歼之!但是基层干部并不知情,还在那里动员群众提批评意见,有的还自己带头发言、写大字报。广大群众更是蒙在鼓里,还以为自己在诚心诚意地帮助党整风。直到7月1日,《人民日报》发表《〈文汇报〉的资产阶级方向应当批判》的社论,以及各报刊纷纷发表声讨、批判右派言论的社论、评论,人们才知道整风运动的风向转了,已经由帮助党整风转向"反击右派分子的猖狂进攻"了!于是大字报发生了180度的大转弯,整风会转变为揭发、批判右派言论的斗争会。反右派斗争迅速进入高潮,那些在座谈会、大字报上积极提批评意见的人才知道自己上当受骗,真是早知如此、悔不当初!他们没有因响应号召参与整风而得到所谓"高价"的报偿,却以莫须有的罪名"无价"地被打入"另册"。他们中许多人还心存侥幸,等待批评、教育以后就能"过关",殊不知自己已经被定为"右派",即"资产阶级反动派"!已经莫名其妙地被硬推到人民的对立面!

"反右"斗争进入高潮以后,各单位便开始分析那些在座谈会、大字报上提出批评、意见的性质、程度、方式,确定哪些属于"右倾",哪些属于"右派"言论,编排"右派分子"名单。我所在的中文系二年级也召开了干部会,研究哪些同学属于右派。我时任年级学生会主席,也参加了由党支部3人、团支部书记和学生会主席组成的"中心组"会议。经过几次分析、排查,认为有7个同学可以戴上"右派分子"的帽子,还有几个属于思想"右倾"。在"中心组"讨论中,我对社会上有人叫嚣反对"党天下",要与共产党"轮流坐庄",咒骂"共产党是金漆马桶",说新社会"民不聊生"等,是十分反感的,认为这是右派言论,的确有人乘共产党整风之际向党发起进攻。我们年级有个人咒骂在批判会上痛斥右派言论的同学是"狗腿子",并写匿名信扬言要把他的人头挂在校门口示众!对于这样的人,我认为应该是右派。但是对其余6位同学被划为右派,我觉得依据不足,而且于心不忍。认为中央对右派分子的定性是"反共反人民反社会主义的资产阶级反动派",同人民是"敌我矛盾",而那6个即将被定为右派分子的同学中,有的是工农家庭甚至革命干部家庭出身,他们为什么要反党反社会主义呢?他们中有的人的确有招人嫌的缺点,如狂妄自大、言过其实、好出风头,或生活作风奢靡,但并没有明显的反党反社会主义言行。他们都还很年轻,如果因为响应号召,参加整风运动,批评党委、总支、支部,一时冲动,讲了些过头的错话,就被扣上"右派分子"帽子,他们就会一辈子背上沉重的政治包袱。所以,我主张"批判从严,处分从宽",还借用当时刚刚学会的一个词"冷处理",在会上提出对他们几个应当进行严厉的批评,但尽量不要戴"右派分子"帽子,或者是"冷处理"

再等一段时间,以观后效。由于当时的政治氛围相当严肃,我们许多同学、干部也深受"左"的思想影响,我的这个发言立即遭到严肃的批判,认为我有严重的"小资产阶级温情主义","有右倾思想倾向",对我提出警告。只是因为我是在干部会"内部"发表这些言论,没有在公开场合"乱讲",所以才没有将我定为"右倾"!

这件事给了我一个深刻的教训:以后在政治运动中一定要谨言慎行!但是这并没有阻挠我对这场"反右"运动的反思和"腹诽"。"反右"运动结束后,我有好几年回顾那一过程和一些怪象时,往往百思不得一解,直到20多年后,才逐步明白了一些。例如,在"反右"前夕,明明号召大家帮助党整风,鼓励大家提批评意见,为什么把那些提批评意见者一个个都打成右派?有人说这是"引蛇出洞"。但这是革命战争中歼灭敌人的一种策略,难道帮助党整风的人是"蛇"?是持枪放炮的"敌人"?为什么要用对敌斗争的办法来对付手无寸铁的人民大众,尤其是知识分子?有人说这是"钓鱼",但是钓鱼时,那些鱼是受"钓饵"的诱惑才"愿者上钩"的,而那些被冤屈打成右派的人,并无"香饵"可吞,只是微微张嘴就被硬塞进钓钩了!这究竟是为什么?又如,在整风运动中,群众主要对本单位的党委、总支、支部工作或他们的书记提意见,很少涉及中央的方针政策,为什么都说成是"反党"?难道基层党组织和基层党干部就是党?就"代表党"?依此逻辑,如果某些基层党组织犯了错误或党的基层干部蜕化变质,是不是党也错了,变质了?再如,当时划右派还内定比例,说大学生中的右派占1‰~3‰,教授中的右派占5‰,结果有几十万人遭殃,加上他们的家属就是上百万人受害!为什么如此憎恨知识分子?这究竟是为什么?

欠了老师一笔"债"

紧接1957年的"反右",1958年又在高校和学术文化界展开了"批判资产阶级学术思想"的运动,号召我们解放思想,破除对资产阶级学术权威的迷信。中文系文学专业确定了两个批判"靶子",一个是刘大杰先生,一个是蒋孔阳先生。这两位都是学术大家，都是我崇敬的老师。我听过蒋先生的"文学概论"课，读过他的一些著作，使我对文艺理论产生很大兴趣，觉得他的著作没有什么好批判的，而且听说要批判他的"修正主义"观点即反马克思主义的观点，这已不是什么学术观点问题，而是政治问题，所以，我决定不参加批判蒋孔阳先生修正主义观点的那个组，也不参加那种批判会。但是领导规定，每个大学生必须参加批判，要"在批判中学习，在斗争中成长"。我想刘大杰先生是古典文学权威，我参加批判刘先生这个组可以多学些古典文学，为将来研究文艺理论打好基础；他的著作大多是解放前写的，可能会有一些陈旧观点让大家批判。其实我对刘先生的代表作《中国文学发展史》是十分钦佩的，据说此书曾得到毛泽东的赞扬，所以极受推崇。记得两年前我刚进复旦时，曾到阅览室去借阅这本书，据说那里有4本复本，我在书架上却一本也找不到。高年级同学告诉我一个"秘密"：那4本书都被别的同学故意插到其他学科的架子上，为的是可以天天来借阅。我循此法去找，终于找到一本。我贪婪地阅读，仔细地摘录，还写了学习札记。现在突然要批判他，我在感情上一时还扭不过来，更不知从何下手。领导上便叫我们用"阶级斗争的观点"和"批判的眼光"审视这本书。说来也真怪，以前读刘先生的这本80万字的书，觉得他系统、全面、新颖、深刻，而且文采飞扬，个性鲜明。现在以"批判的眼光"找岔子，就觉得这也不对，那也欠妥，连原来欣赏、钦佩的地方也变得有问题了。经过分析归纳，我们理出这本《中国文学发展史》的3个主要错误：庸俗进化论的文学发展观，抽象人性论的文学本质论，唯美主义、形式主义的评价标准。我们就集中批判这3个观点。中文系有30多个同学参加这个批判组，其中还有个"六人小组"作为骨干，我也是这"六人小组"中的一员，我执笔写了篇《批判刘大杰先生的形式主义唯美主义观点》的论文，经过讨论修改后，被《学术月刊》拿去发表了。这是我第一次在报刊上发表论文。

几个月后，系领导收到学生写的批判文章30篇，另有中青年教师写的9篇，还有一篇是刘大杰先生写的自我批判文章《批判〈中国文学发展史〉的资产阶级学术思想》，计40篇。不知是什么原因，大概是认为我写的那篇发表了的论文还能说理，比较有分寸，没有乱扣政治帽子，竟叫我这个三年级的学生对这些论文稿进行修饰、统稿，编辑成书，还叫我牵头再写一篇总论式的系统批判那本书的主题文章。我作为一个年轻的学生，受到领导、老师如此器重，当然积极受命、照此办理。于是一边编选、统稿，选收了34篇，删去一些过于偏激或任意上升为政治问题的文章、观点和语句，也修改了一些不准确的史料和欠通顺的文字；一边和陆士清、徐佩珺同学合写了篇《我们的看法——评刘大杰先生的〈中国文学发展史〉》，约1万多字，先在学术期刊《复旦月刊》上发表，后又作为牵头文章放在批判集的第一篇。过了没多久，1958年12月，那本20多万字的《〈中国文学发展史〉批判》便由上海中华书局公开出版了。

  此书出版后，有的同学很羡慕我，说我在做学生期间就发表两篇论文和统稿出书，"很不简单"。我在得意之余却有了一些冷静地反思，觉得这样的批判虽然不像"反右"斗争那样乱扣政治帽子，但是我们在批判中的立论基础站得住脚吗？在学术上是否有粗暴、片面、简单化和过于牵强的地方？例如，刘先生认为文学是人类的灵魂，体现了作家的个性、真情、良心，文学史是人类情感与思想发展的历史，而中国文学史则是从诗经、楚辞到唐诗、宋词，再到戏曲、小说等各种文体进化的历史。我们便以当时被奉为"指导思想"的阶级斗争观点和阶级分析的方法，认定刘先生是以超阶级的人性论来代替阶级论，用庸俗进化论来否定阶级斗争对文学发展的决定作用。同时，我们还借用了从苏联引进、在当时中国十分盛行的一个观点，即所谓文学史是现实主义与反现实主义斗争的历史，把创作方法上的差异视为阶级的对立和斗争，把风格多样、流派纷呈的中国文学限定在两种对立的流派之中，认为现实主义是进步阶级的真实反映现实的文学，而所谓的"反现实主义"文学，则是没落阶级的歪曲现实的文学，像陶渊明、王维那样被刘先生颂扬的作家，身处阶级斗争非常尖锐的时代，却回避阶级斗争，写了些适应士大夫情趣的田园诗，所以是"反现实主义"的！又如，刘先生比较注重对作家作品的艺术分析，重视创造艺术形式美的作家和各种文体对文学形式发展的意义。我们便以阶级分析法作为基本方法，以"政治标准第一"为评价标准，评析被刘先生赞扬的作家作品。例如，苏轼在作品中揭示了王安石变法中的某些弊端，我们就认为苏轼是大官僚大地主阶级的反变法派，而刘先生对苏轼的"反动"、"保守"的立场和"消极"、"颓废"、"出世"的思想情绪没有给予严厉的批评，反而讴歌苏轼作品的形式美，所以是"宣扬形式主义、唯美主义的观点"！

《中国文学发展史》是刘先生在新中国成立前写的，难免有时代的烙印，但我们的批判是合理的吗？于是我们约定去拜访刘先生，想听听他的意见。他家在万航渡路一套老式里弄房子里。他很大方地对我们说："我是从旧社会来的，有很多旧思想、旧观点，你们批判得很对，给我提了许多宝贵的意见，对我很有帮助。""但是你们有些文章中，怎么把李白、杜甫、陶渊明、王维、苏轼这些重要作家也给否定了？我心里很难受！"这句话使我很震惊、很惭愧，又很敬佩。震惊的是那几篇对作家和对刘先生都批判过激的文章虽然不是我写的，但是经过我统稿的，我却没有改正。让我钦佩的是刘先生在那种政治气候、学术氛围和个人被批判的处境中，竟然对中国传统文化古典文学还保持着如此的敬畏之心，如此的挚爱和执着！从此我总觉得欠了刘先生一笔"债"，苦于没有还债的机会。直到 2008 年，我作为执行副主编编撰一套 130 卷的《海上文学百家文库》时，才由我编了刘大杰文学创作的一卷。我早就听说刘先生在 20 世纪二三十年代创作过许多小说、散文、戏剧作品，但我们这代人都没有读到过。我便奔着"还债"的心情从那些发黄发脆的旧报刊、旧图书中搜罗了刘先生这些早年的作品，编纂成一本书，使刘先生的"文学史家"身份又恢复了"作家"的头衔。当这本书出版后，我就赠送给复旦大学中文系 1 本。遗憾的是，这时候刘先生早已去世了。

参与同学自编教材

1958 年，就在发起批判资产阶级学术思想之后不久，领导又号召"有破有立"，"在破中立"，组织学生自己编写教材，"打破资产阶级学术权威的垄断"，决定由我们三年级学生集体编写《中国现代文学史》。但是，我们这个年级的同学从来没有学过这门课，而且已经出版的有关中国现代文学的书籍也很少,我们怎么编写?领导却说,没有学过更好,因为没有受过资产阶级学术思想的腐蚀,更有利于"破中立",打破旧框框,有利于在批判资产阶级学术思想的过程中,建立马克思主义的无产阶级学术体系!真是说得振振有词,我们只得瞎子摸象,各言其是,或像瞎猫抓死老鼠,抓住一个是一个。刚开始编写时,我参与了筹备、策划、组织工作,但因我正在负责编《〈中国文学发展史〉批判》那本书,所以没有直接参加撰稿。直到1958年底,我责编的那本书稿已交到中华书局,而同学们集体撰写的《中国现代文学史》也已完成初稿和二稿,领导上便让我转到《中国现代文学史》编写组来,负责此书稿的第二编"三十年代文学"统稿工作。此编是全书的重点,主要写1926年至1937年的文学运动、社团、作家、作品、期刊和文艺斗争等。

读了那几大捆摞起来足足有一尺高、约40万字的原稿后,我十分犯难,因为我也没有学过中国现代文学史,以前虽曾读过一些名著,但有更多作家作品从未涉猎,而文学社团、期刊等更是在读稿中才大致知其面目。同时,我还顾虑自己也是个学生,在统稿中必须有统一的史观和批评标准,而同学们的稿子质量参差不齐,我对这些稿子要进行修改,要从原稿的40万字压缩到规定的25万字,有的要大删、大改、补充,有的甚至还要重写,我有这个能力吗?删了、改了别人的稿子,人家会怎么看?会不会引起不满?此外,有的稿子批判有余,分析不足,史料、史论欠缺,而且在批判中常难免过激,我若删去这些过激的言词,会不会被说成是"右倾"、"缺乏阶级斗争意识"?我把这些想法向有关领导汇报。领导让我不必顾虑,该怎么改怎么写,就怎么写就怎么改!但是,究竟什么是"该"与"不该"呢?只有天知道了!我便拟订一个计划,先用3个月查历史资料,阅读一些史料比较丰实的研究著作,然后再用3个月统稿、定稿。经过几个月的埋头苦干,书稿终于统稿完毕。

1959年夏天,我把全部书稿送到上海新文艺出版社理论组。该组编辑周天、俞仁凯、周绍亨热情接待了我,表示尽快出版这本《中国现代文学史》。接着他们就问我暑假是否有空。我说这一年多天天忙于编写、统稿这两本书,简直要累垮了,脑子也掏空了,很想在暑假里好好休息一下,读一些书。他们说有一件事要我帮忙。原来近几年中国文艺理论界和苏联文艺界遥相呼应,对早年由高尔基提出,后来写进苏联作家协会章程,确定为苏联文学创作和文学批评基本方法的"社会主义现实主义创作方法",展开了热烈的讨论。由于人们对这一创作方法或创作原则的内涵、性质及其在中国产生的影响有不同的见解,因此引起剧烈的争论。1958年上海新文艺出版社搜集了数十篇讨论文章,出版了一本《社会主义现实主义论文集》(第一卷),现在他们从报刊上又搜集到一批讨论文章,想请我帮他们编第二卷。我想我对文艺理论本来就有兴趣,而这两年都一头钻进中国古代和现代文学史里,很少有机会读理论著作,现在倒可以趁编书的机会好好补一下理论的课,所以便一口答应了。这个暑假我照例没有休息一天,天天打着赤膊,摇着芭蕉扇,看、选、编那一大堆材料,当《社会主义现实主义论文集》(第二卷)编成交稿,暑假也就结束了。不久以后,此书便与《中国现代文学史》几乎同时出版。这两本书和我统稿的那本《〈中国文学发展史〉批判》出版时,都没有署我的名字,连"后记"里也没有提及我,当然更没有稿费(当时即使有些微薄的稿费,也是悉数上交的),只拿到1本样书。但我当时好像连"遗憾"都没有过,更不用说有什么不满、怨言,只是有种"任务完成了"的轻松感。

这些事都是在1958年前后"大跃进"高潮中发生的。提起那个年月的"大跃进",人们往往会发笑。有的人是讪笑,笑那时的许多言行荒唐、怪诞和匪夷所思;有的人是冷笑,非议那时一些干部强迫命令瞎指挥,造成千万人遭殃;有的人是苦笑,笑自己当年头昏脑热,参与了许多荒唐的行为。我自己可以说这3种笑都有,因为我当时也满脑子空想,恨不得一个晚上就建成社会主义强国,明天早晨起来就进入共产主义社会!天天在鼓噪"鼓足干劲"、"放卫星"。那年秋天,我们到宝山县蕰溪乡参加农业劳动,不知听了谁的鬼话,说土地深耕三尺,可以大幅度增产增收。于是我们挑灯夜战,开展劳动竞赛,比谁挖得深、挖得快,把地底下的僵土翻上来、地面的熟土翻下去,真是拼着老命搞破坏,弄得几乎寸草不生,第二年大幅减产!那年"除四害",我爬到教学大楼的3层楼顶,跨坐在尖尖的屋顶上,举着一根梢头绑块红布的长竹竿招摇呐喊,追赶麻雀,差点从屋顶上摔下来!那年还有800多名师生乘好几辆大汽车到乡下去打麻雀,辛辛苦苦打了一天,只打到8只麻雀!至于花了多少钱,是没有人过问的,我常听到一句话,就是"只算政治账,不算经济账!"

不过在"大跃进"高潮中,我的主要任务还是编书。在短短不到一年半的时间里,我编写、统稿、出版了两本书,约六七十万字;编辑出版了一本书,约40万字,共计100多万字!倒真可谓是"大跃进"的产物,当然更是当时"左"倾思潮的产物,我只是其中的积极参与者、执行者而已。在撰稿、统稿的过程中,我虽然力戒焦躁,保持冷静,尽量避免政治上的过激、过"左",让自己在研究能力、写作能力上得到一些锻炼,但是在"左"的社会、政治、学术环境中,我这三四年级的学生还无力拒绝参与那种充满"左"的调门的大合唱,很难避免写作、研究中的简单化、片面化,这是时代打在我身上的烙印,我是无法逃避却是应该记取教训的。人们常说"不悔少作"。我这个人从来不喜欢吃"后悔药",因为悔也无益、无及。但我有权处理我的"少作",一是把这些东西视为"付学费",我以后无论是晋升职称还是填写履历,从来不把那几本书作为我的"学术成果";二是把那些发黄的被尘封的东西当作历史的尘埃,让它们静静地躺卧在秘处,听由老鼠去"批判"!

入党,毕业

1959年秋,我的写作任务已经全部完成,正准备在毕业之前好好读一些书,沉下心来思考一些问题,突然接到一个通知,让我到复旦大学刚成立的"文学理论研究室"去报到。复旦中文系已有一个"文艺理论教研室",为何又成立这么个"研究室"?据说是为了加强现实问题的研究。它没有教学任务,也不要坐班,专门从事文艺问题的社会调查和对一些复杂的敏感的理论问题进行探讨。该室除了有两三位青年教师外,还从我们年级抽调了4个学生,算是"半脱产",我便是其中之一。室主任郝孚逸先生给了我一个研究题目,叫"文学艺术如何反映人民内部矛盾",我欣然接受了,觉得这个课题很新颖、很有价值、很有"挖头"。可是一进入研究,看了一些资料,我才发现这个题目非常难做,因为要涉及一系列敏感的政治问题和文艺界争论不休的理论问题。我仔细阅读了毛泽东的《关于正确处理人民内部矛盾的问题》，越读越觉得难以下笔。例如：工人阶级与资产阶级的矛盾是什么矛盾？如果也算内部矛盾，为何严厉打击"右派"，管制、流放了那么多的右派分子？工人、农民与知识分子的矛盾是什么矛盾？不是说要教育工农吗？而教育者却被定性为资产阶级知识分子，这岂不矛盾？文艺作品可不可以写知识分子中的先进思想、先进人物？有许多作品都把知识分子写成保守落后、自私反动的反派人物，这是现实主义的创作方法吗？能否写工人内部、农民内部的矛盾？工人、农民也有缺点、错误，如果写了这种缺点、错误，是否就是污蔑劳动人民？可不可以写不好不坏的"中间人物"和浑浑噩噩的"芸芸众生"？可不可以写只揭露、批判、嘲笑而不歌颂、无正面人物的讽刺作品？可不可以写社会主义社会里的悲剧？批判现实主义在社会主义社会是否还有存在价值？是不是一个阶级、一个阶层或一种职业就只有一个典型？如果是这样，岂不是公式化、概念化了吗？可不可以写以及如何写人性、人情、爱情？可不可以写与自然作斗争的英雄？还有如何写路线斗争、宗派斗争？……当时我还想到更多的问题。这些问题在今天看来似乎很简单，有的仿佛已经解决，但是在那时的政治气候、学术氛围中，却是一个个危险的"雷区"和难以说清的难题。那时有的作家就是因为写了人民内部矛盾而被打成"右派"！有的问题即使在当时的方针政策已经明确，但是在具体操作上，尤其是在理论阐释和艺术表现上却阻力重重。如果回避这些问题，还能写什么呢？所以我迟迟没有动笔。

其时正好我又接到另一个任务：为中文系师生合著的《中国近代文学史》写最后一章"文学逆流"。这是指发生在19世纪末、20世纪初曾经盛行一时的"黑幕小说"、"鸳鸯蝴蝶派小说"等非主流文学。因为在学生中乃至青年教师中没有人接触过这类文学，而图书馆也没有这类作品的藏书，所以把这个没人愿啃的骨头交给了我。我只得天天带着冷馒头、咸菜和一个水壶，横跨市区中心到徐汇藏书楼"觅宝"，从那积满足有1厘米厚灰尘的旧书堆里，翻到了我所需要的以前从未读过的图书和报刊，就靠着天天笔录的材料，对"黑幕小说"、"鸳鸯蝴蝶派小说"作了介绍、分析和评价，写了1万多字,凑齐了师生合著的《中国近代文学史》。在写作过程中,我听说领导之所以让我啃这个没有味道的硬骨头,还有另外一个用意:我编写、统稿过属于古代文学的《〈中国文学发展史〉批判》和属于现代文学的《中国现代文学史》,但未涉猎过近代文学。领导是想锻炼我,让我"打通"中国文学通史。我非常感激领导对我的培养,但我吸取了前两年编书的教训,在写最后一章时,我没有依照领导和老师限定给我的主题"文学逆流",而是从当时社会、文坛的状况和作家作品实际出发,指出"黑幕小说"是各个军阀和各种政治派系之间的勾心斗角,互揭内幕,并无文学性可言,只是一些文字糟粕,连"文学"都算不上,当然也就无所谓"文学逆流"。至于"鸳鸯蝴蝶派小说",虽然有的作品感情绮靡,思想陈旧,常表现出"发乎情止乎礼义"的局限,却也反映了当时年轻人追求恋爱自由、婚姻自主的朦胧愿望,具有一定的现实性。在文学描绘上,如《玉梨魂》等作品,还是有相当的表现力的,所以也不能说它们是什么"文学逆流",只是与当时新兴的民主主义文学这一文学主流相比,属于比较滞后的文学流派或曰文学支流而已。后来这本《中国近代文学史》出版了,我读到自己写的最后一章,发现我所批判的部分都保留了,而我肯定的部分则删去了大半。对此我只能付之一笑。

我写完了最后的一章,就又回到"文学艺术如何反映人民内部矛盾"这个课题上来。我无法一一回答我所思索的那么多问题,但有两点我是写进去了:一是不要把人民内部在思想认识上的分歧都归结为政治问题和阶级斗争;二是知识分子中也有先进人物,工农大众中也有"芸芸众生",并非一个阶级、一个阶层只有一个"典型"。因为此时已是1960年4月,我们即将毕业、快要毕业分配,我便匆匆忙忙写了个初稿交上去,以后就再也没有下文,因为室主任郝孚逸先生调到北京,而我们这4个同班同学也回到年级等待毕业分配,成立了不到1年的"文学理论研究室"也就在无形中解散了。

当初我们年级调到"文学理论研究室"的4个同学中,其他3位都是共产党员,只有我还是个共青团员。我早在1958年就提出入党申请报告,由于我不是工农家庭出身,加上我有一个算不上亲戚的"亲戚"在台湾做雇工,也可能早已去世,我便有了说不清道不明的"海外关系"。经过组织调查以后,才于1960年5月23日召开年级党支部会议,审议我的入党条件问题。在会议前两天,我的入党介绍人陆荣椿、鄂基瑞分别和我个别谈话,都谈了共产党员的职责、任务,都按要求或惯例指出我必须有正确的入党动机,要不为个人荣誉和前途、地位而入党,同时指出了我的优点和缺点,要我以后发扬优点,克服缺点。我非常感激这两位介绍人对我的关心、信任和帮助,后来他们都成为我经年不衰的好朋友。

在支部大会上,先是两位介绍人介绍了我的情况,然后大家议论我的优缺点,分析评判我是否符合入党条件。记得当时肯定我的优点主要是:对党有坚强的信念,能坚持原则,学习努力,业务能力、工作能力强;谦虚谨慎,为人正直,作风正派。指出我的缺点是:斗争性不够强,有时回避尖锐的社会矛盾;有点温情主义;还有点清高。对于这些意见,我心悦诚服。但是对于他们提出的那些缺点,我在后来改了没有?可以说改了一些,但没有全改,这大概也是江山易改、本性难移吧!

支部大会一致同意我加入中国共产党,按照程序,我要表态、表决心,要谈我为什么要加入中国共产党。我说:"我是职员家庭出身,我要求入党,并不是像有些工人、农民那样,因为共产党解放了他们,改变了他们的政治经济地位,因为感激而要求入党。我要求入党,也不是因为做党员光荣,有地位,更不是要向党索取什么,为了将来当干部或者得到其他个人的好处。我要求入党是经过长时间的理性思考的,是经过分析才提出的政治要求。我在旧社会生活过十多年,深信只有在共产党领导下,才能推翻那黑暗的旧社会,赶走帝国主义,使中国人扬眉吐气。我在新社会又生活了十多年,亲眼看到在共产党领导下,工农业生产突飞猛进,人民生活越来越好,深信共产党是为中国的富强而奋斗的,是为人民服务的。我还不是个共产主义者,但我是个坚定的爱国者。因为爱国,所以才爱共产党,才要求成为共产党的一员,才愿意和决心为党的事业奋斗终身!"这些话现在看起来好像很平凡,并不精彩,但在当时却是我经过深思熟虑的肺腑之言,也是我数十年来牢记不忘、坚持不懈的誓言。现在人们常说"不忘初心",这就是我的初心!

1960年6月,我们年级开始毕业分配,当时每个人填写志愿,我虽然已进入"文学理论研究室",但仍填了新疆、内蒙古、贵州这些偏远地区的大学或文化单位。我相信那里更需要我,只要我努力工作,到哪里都能做出一番成绩。更何况我是刚入党的新党员,当然更应该带头到最艰苦的地方去工作。我这样填写志愿是真诚的,是经过考虑的。不料有位同学却半开玩笑地对我说:"你不可能分配到那些地方去的,你肯定是留校当教师。你发表了论文,编了书,现在又入了党,你现在缺的就是还没有一个女朋友!"

⊙ 1960年,于复旦大学中文系毕业前夕在校园留影

1960年9月,我果然被分配在复旦中文系文艺理论教研组,当了一名助教。从此,我便告别了5年的大学生活,有些留恋,有些兴奋;从此,我的人生又进入了一个新的阶段,有些紧张,有些期待,还有新的决心:以后如果让我当教师,我就刻苦钻研,努力成为一名有建树的教授;如果需要我做党政工作,我就克勤克俭,克己奉公,做个称职的好干部!总之,要无愧于心,无愧于党!

二、初当教师

断断续续上讲坛

1960年9月初,我和徐俊西一起到复旦大学中文系报到,进了文艺理论教研室,和蒋孔阳、王永生、吴中杰、应必诚等先生成为同事。过了大约不到半个月,副系主任杜月邨先生就给我一个任务:给1958年入学的三年级学生补上"文艺理论"专题课。这个班的学生有80多人,大多是工人、军人、机关干部出身的调干生。他们入学以后,正逢"大跃进"高潮,天天参加劳动、运动,虽说已开过"文学概论"课,却是断断续续、很不系统,而这个班的学生有的人连高中都没有读过,理论基础较差,纷纷要求给他们补课。我刚刚毕业不久,还没有给本科生上课的经验,所以我备课很认真,写了很详细的讲稿,连举的例子也都写了很详细的介绍和分析。第一次上课时,我刚跨进新教学楼那间阶梯教室,猛然看到那些大多数比我年龄还大的学生,心里突然紧张起来,甚至有一种身临群山、孤立无援的孤独感。但一踏上讲台,翻开讲稿,那种紧张的心情很快就消解了。开始时,我按讲稿徐徐道来,倒也平稳有序。可是讲着讲着,我渐渐兴奋起来,觉得按讲稿讲课太拘束、太平板,干脆脱开讲稿顺着思绪任意发挥,连板书也忘记写,而且语速越来越快,直到有学生提醒:"老师,请你讲得慢一点,我们来不及记!"我才平静下来,重新低头看讲稿,发现上面几页的内容已经讲过了,连忙翻下面的讲稿,翻来翻去,却找不到我下面该讲的内容,就一下子慌了!当看到来听我第一次讲课的副系主任也坐在第二排边上,我就更慌了,漫无头绪地乱翻讲稿,竟停顿了好几秒钟,急得头上直冒汗。这时有位坐在前排、大概有30多岁的女同学轻轻地说了声:"别慌,别慌!"我才镇静下来,接上前述的内容继续讲了下去。课后,我主动听取同学们的意见(这个班的学生本来就是比我只低3个年级的同学),他们认为我按讲稿讲时,观点明确,条理清晰,脱开讲稿时联系实际,丰富生动,就是语速太快。还说:"你以后讲课不要紧张,你一紧张,我们也陪着你紧张!"这真是同学、朋友的真诚话语和热心支持!

上完4次专题课后,我便奉命到青浦农村参与整顿落后生产队去了,到1961年6月才完成任务回校。刚向中文系领导汇报完在农村工作的情况,系里给了我两个任务:一是任命我为系秘书,协助系主任朱东润先生安排全系的教学活动,如与各教研室主任商定年级的课程设置;制定各年级、各个学期的课程表;落实任课教师和教室、教具等教学设备;听取师生对教学活动的意见和要求;做每个学期或一年的教学总结;定期向系主任、党总支和校教务长(处)汇报教学情况等。这项工作我做了两年半,时间虽不算长,却使我对教学规律、教学秩序、教学安排有了切身的体会和全新的认识,积累了经验,这是单纯上课当教师的人往往难以体会到的。后来我曾写过教育方面的论著,还曾参与过复旦大学成立的高等教育研究所工作,就和我曾当过系秘书(实为教学、科研秘书)有关。

系里给我的第二个任务是,给中文系和外文系学生开设"文学概论"课。以前我给中文系三年级补上"文艺理论"专题课,只是讲了几个与现实文艺状况有关的以及学生比较关注的理论问题,而要讲授"文学概论",则更强调基础性、知识性、理论性、系统性,要讲文学的本质、特征、功能论,文学创作论、文学作品构成论、文学批评鉴赏论、文学发展论等,所以必须重新备课。那时文艺理论学习或"文学概论"课已有"统编教材",即叶以群主编的《文学的基本原理》。但是复旦大学有个不成文的规定,或者叫习惯,也可以说是传统,即不依赖统编教材,不必按统编教材的体例、观点、方法授课,而是把这种教材发给学生当作"主要参考书",任课教师必须自撰讲稿,超越教材,而且还要不断超越自己,即每学期每次上课,在讲授同一内容时,都要修改、补充甚至重写自撰的讲稿,不断充实、更新教学的内容和方式。这是复旦的要求,实际上也是我和许多教师的习惯。我不喜欢每次重复讲同一个内容,乃至这一次不愿意再用上一次用过的材料。我从1960年秋天开始任教,到1966年"文革"爆发,曾断断续续4次讲授"文艺理论"专题课和"文学概论"基础课,讲稿一改再改,乃至涂涂划划,删页加页,遗憾的是这些讲稿没有保留下来。这几年除了于1965年曾与王永生先生合作编过一本《文学概论》缩编本,由复旦大学印刷厂印制,以及后来曾参与撰写徐中玉先生主编的供成人自学考试用的《文学概论》教学大纲外,在"文革"前竟然没有出版过我个人的文艺理论专著!

这几年没有写书,论文也很少,只写过几篇文艺短论、一篇合写的学术争论文章和参与由蒋学模先生牵头写的《社会科学工作者应重视社会调查》。之所以发生这种情况,主要有下面几方面原因:一是我当系秘书时,朱东润先生曾对我说:"青年人不要忙于写东西,要多读书多思考,基础扎实了,写东西才持之有故,言之成理。"我知道他是针对我做大学生时写过批判文章,编过幼稚、粗糙的教材,告诫我应扎扎实实做学问。我觉得他的话是对的,同时我自己也在反思前几年的写作,确实有很多幼稚、片面、简单化乃至武断的地方,决定沉下心来,多读一些书,所以就写得少了。二是我毕业后"三上三下",几度下乡做"试点"工作(此事后文叙述),前后累计下乡多达两年半,分散了注意力,无论讲课还是理论思考,都断断续续、难成系统。三是每次下乡回来,虽然很快就投入教学活动,但又先后兼任系秘书和学生政治指导员工作,开始了我大半辈子的"双肩挑"生涯。在刚刚开始的既搞教学、科研,又做党政工作的日子里,我还不习惯将这二者结合起来,相互促进,而是往往顾此失彼,难有完整的时间和集中的精力去研究一些专题,更难以将文艺理论的讲稿系统化、整理成书。

总之,在那几年里,我的学术成果不多,但我从来不后悔,也从来没有烦恼过。因为我深信:在教学、研究中做出学术成绩是奉献,在党政工作中做出成绩同样也是奉献！而且来日方长，以后在教学、研究中再出文艺理论著作也不迟，我这点信心还是有的。

整顿"三类队"

1960年11月初，我刚讲完4次"文艺理论"专题课，就接到一个命令：到上海市委教育卫生部报到。我不知又有什么新情况、新任务，当我赶到华山路上海市委教育卫生部办公大楼(现静安宾馆)才知道我要下乡了。原来1958年的"大跃进"、人民公社给农村造成极大的破坏，农村干部也问题较多。据有关部门研究，当时可以把生产队、生产大队分为3类，第一类好，第二类一般，第三类后遗症严重，组织机构涣散，干部队伍不纯，农业生产荒芜，农民生活困苦。许多地方已开始组织工作队，下乡整顿"三类队"。上海市委教育卫生部部长杨西光(原复旦党委书记)也从复旦等几所高校抽调了十几个教师、干部，组成了一个工作队，到青浦县沈巷公社做整顿"三类队"的试点。

我们先乘车到青浦县城，然后乘船到公社。在船上观看两岸景色，真可谓一片荒凉！非但看不到田野的绿色，而且几乎看不到一棵大树，看不到一只飞鸟，在路边啃草的耕牛竟瘦得4条细细的长腿撑着一个扁扁的肚子，远远看去活像一条狗！进村以后，看不到炊烟、鸡鸭，只看到一座座破旧的农舍和屋前屋后自留地里疯长到齐腰高的杂草！我们的心情不由沉重起来，想不到作为"鱼米之乡"的上海郊区农村，竟被"大跃进"搞成这个样子！第二天，我们就"访贫问苦"，了解生产、生活和干部情况，他们讲的最多的是1958年"大跃进"时干部瞎指挥和公社化以来干部的多吃多占、徇私舞弊，以及生产队食堂的弊端。他们说在"大跃进"时，公社干部在大块田头搭一座台，安装大喇叭，干部站在台上挥舞红旗，旗子指向哪里，社员们就排队到哪里挖地三尺、深翻土地。喇叭里大叫"一、二、三"，社员就得按这个节拍挖土。夜里还"挑灯夜战"，直到指挥台的灯熄了，大喇叭声停了，红旗不挥舞了，社员才可以歇工回家，结果弄得连年大幅减产。减产本已遭殃，可是"公粮"还必须交,农民手里没有一斗余粮。更糟糕的是,农民的自留地也全部当"资本主义尾巴"被割掉了,食堂里每天只供应3顿粥,害得农民连蔬菜都吃不上。同时,"公社化"以来,还不许农民搞副业,非但不许养猪养鸡,连周围到处都是河汊,虾多鱼肥,却不许农民捕捞。至于手工业,因为产品可以卖钱,而卖钱就是"个人发家致富",就是"资本主义",非取缔不可,害得社员几乎绝了生路。我们在调查中发现,每讲到这些,社员们就破口大骂,不仅骂干部,而且骂政府!弄得我们很尴尬,只好硬着头皮听骂!再说那个年头鼓吹"一大二公",在生产上瞎指挥,在经济上"割资本主义尾巴",在思想政治上"反右倾"、"拔白旗",害国害民,我们不是也在"腹诽"吗?贫下中农倒是骂出了我们不敢骂的话,替我们出了一口怨气!

说到干部问题,除了上述瞎指挥的问题外,社员们"揭发"的大多是"多吃多占"问题,诸如,在食堂里少付饭票多打粥,为亲属多记工分、多派工分高的工种,从生产队仓库里私自拿米麦豆子,等等。并说这些事情都是社员看得见的,还有许多私底下干的坏事是社员们看不见的。有一次,有人暗中揭发大队干部和江苏省吴江县的人合谋私卖大队的储备粮。我们一听,这还了得!这是我们掌握的最大"案件"。工作队领导立即派我到吴江县去调查,查下来结果是两地相互交换稻种,并非私卖谋利。这次出差我出了个不大不小的"洋相":为了节省一些公家的旅费,我舍不得付小旅馆的房间钱,就在走廊里临时搭了个铺,第二天醒来发现我的那只小旅行袋被老鼠咬了个大洞,原来我又是为了省公家的钱,带了几个冷馒头放在旅行袋里,这几个冷馒头竟成了老鼠的"夜宵"!那天我是饿着肚子赶回生产队的。我为什么如此"抠"和"傻",主要是看到农民实在是太苦了,我也是农民出身,我知道在农民心目中每一元钱的分量。

农民的生活不仅苦,而且窘。有一家社员的小孩过生日,孩子的外公、外婆从大老远赶来祝贺生日,探望亲家、女儿、女婿。这家社员非但买不起鱼肉招待,连蔬菜也无处买,自留地里更是没有一片菜叶,只好向生产队仓库借了半碗黄豆,"请客"吃了顿酱油煮黄豆,气得又哭又骂。我们听到这件"小事",也忍不住流下了眼泪!

社员苦,我们也跟着苦。工作队有项纪律,不许到农村小商店去买吃的东西,不许从上海家里或学校里带吃的东西到乡下,也不许把我们这里没菜吃的情况反映给学校,我们要和贫下中农同甘共苦。社员天天在食堂里喝3顿粥,我们也喝3顿粥。没有菜吃(荤菜、蔬菜全无),就买些酱油和在粥里。后来酱油也紧张了,为了不和社员"抢酱油吃",就从家里拿一些盐和少量面粉拌在一起炒一炒,放在瓶子里,每顿喝粥时就挑些盐吃。有一次不知是谁回校休假说漏了嘴,让复旦领导知道了。那时复旦师生也是在过"一斤米煮四斤饭"的苦日子,还是派我的同学陶尚廉从教师食堂要了两包酱菜送到我们这里,一包什锦酱菜,一包梅干菜。我们既高兴,又惭愧,觉得有点"特殊化",一面责怪是谁走漏了消息,一面悄悄分给每个队员。我得到一茶杯什锦酱菜、半茶杯梅干菜。可是在喝粥时我却舍不得吃这两杯少得可怜的"美味佳肴",只是在夜里临睡觉前,拈上一两根放在嘴里咀嚼,很快就安稳甚至满足地睡着了!

我在工作队担任调研员(即文书),负责会议记录、写总结汇报材料等。有一次我到沈巷公社办公室开会,会后信步从镇上向生产队走去,忽然闻到一阵诱人的焦香味,走去一看,原来是个卖烤饼的小店铺。这种烤饼没有葱油、芝麻,没有馅,只有一些咸味,6分钱1只,2两重。我看看周围没有认识我的人,便买了两只,准备带回去晚上睡觉前悄悄地吃,解解馋,免得像往常一样在半夜饿醒。可是走到乡间的小路上,我实在忍不住那面饼烤焦香味的诱惑,便拐到麦子已半身高的田埂上,狼吞虎咽,三口两口,就把其中一只"报销"了!那个香啊,美啊,真是我26年来从未享受过的美食!还有一只又在口袋里诱惑我,怎么办?我就想如果带回去吃,被别人看到,岂不成了"特殊化"?何况,刚才吃了一只,似乎还不大过瘾。于是我又掏出烤饼,不过不再像刚才那样狼吞虎咽,而是慢慢咀嚼品味,真像穷汉第一次品尝山珍海味一样。这一次吃没有油的咸面饼是"享受",我在下一次吃有点油的东西却是受了罪。有一天回家休假,我到家已是下午两点多,就在锅里放了一点油,炒了一碗冷饭。这种油炒饭当然比那没油的烤饼美味得多,可是我刚吃完不久,就连续两天腹泻!由于几个月天天吃炒盐拌粥,我的肠胃已容不下一点点油脂了!

我们在青浦县沈巷公社沈巷大队工作了几个月,调整了干部队伍,落实了生产队责任,恢复了自留地种植,还鼓励生产队开办养猪场。我除了工作和参加一些田间劳动外,还自告奋勇到养猪场去做帮工,主要是割猪草、烧水浮莲喂猪。没有精饲料,生产队长就到机关学校去掏大粪,放在大锅里煮,用以做猪食。我便充当这种煮大粪的伙夫。大粪经过火这么一烧,其冲鼻的臭味可想而知。奇怪的是,我却并不觉得很臭,当看到两只猪大口大口吞吃这种伴着大粪的猪食时,我还挺高兴,好像科学研究取得预期成果一样。

1961年6月底,我们完成任务回学校时,农舍前后的自留地已长出绿油油的蔬菜,社员可以到河汊里捕鱼捉蟹,我喂养过的那只母猪还生了崽,天天只烧3顿粥的食堂关闭了,村里家家屋顶又冒起袅袅的炊烟。我感到由衷的高兴,为我们工作队,更是为了农民。同时我又在心里暗暗祝祷:希望以后不要再像1958年那样瞎折腾了,农民经受不起,我们国家也经受不起。

"四清"工作团党委调研员

1964年秋,上海市委在奉贤县搞"四清"运动试点,由市委副书记杨西光任"四清"工作团团长,团部设在南桥镇的奉贤县县委大院。这次他又从复旦大学抽调了8个人组成"政策研究组",组长是经济学家蒋学模,组员是中文、历史、哲学、新闻、经济各系的中青年教师,加上杨西光的秘书张黎洲,共9人。我们的任务是调查奉贤县的各级干部政治、经济情况;奉贤农民生产、生活现状和历史状况;收集、分析驻各个公社的"四清"工作队的汇报;根据"四清"运动的进程,总结工作经验,发现、分析出现的问题,提出解决问题的设想、建议和方案等,同时还对以后农村工作提些设想和建议。

我们"政策研究组"的9个人分为4个小组,我和历史系青年教师吴维国为一组,主要任务有两个:一是调查若干生产队生产、生活和干部情况,二是调查新中国成立前尤其是抗日战争时期奉贤的土匪情况。

此时已是1964年,已经度过"三年困难时期",奉贤的农业生产和农民生活已大有改观,已不像3年前我在青浦县参加整顿"三类队"时那么凋敝和困苦。我们所到的生产队已看不到荒芜的田地,各家自留地里都长满了绿油油的蔬菜,各个生产队也根据自己的特点经营起各自的副业生产。看到这种情景,一扫我3年前在青浦县参加整顿"三类队"时形成的忧郁情绪。于是,我们便把工作的侧重点放在调查生产队的干部情况上。由于我们是"调查组",而不是"四清"工作组,我们既通过召开贫下中农座谈会或约干部、群众个别访谈等方式了解干部情况,又常向驻队工作组了解他们已经掌握了的干部问题,有时还出席工作组研究干部问题的工作会议和由他们召开的揭发批判干部的社员大会。在调查中,我们隐隐约约"发现"(或者说"感觉")一个问题:因为是"四清"运动,工作队、工作组进驻公社、生产队以后,往往偏重于调查、发掘干部存在的问题,例如,历史政治问题,贪污受贿、私分公产问题,评工记分徇私舞弊问题,任人唯亲、拉帮结派问题以及工作作风、生活作风问题,等等,而对那些农村干部工作中的艰辛、困难乃至克己奉公等方面情况则关注较少,对那些被认为有问题的干部所作的结论往往是"问题严重"、"情节恶劣"、"负隅顽抗",显然有"左"的倾向,与当时各地在"四清"中的"左"倾路线相合拍。这也难怪工作队员,因为当时的"四清"运动(其正式名称为"社会主义教育运动",含清政治、清经济、清组织、清思想)在指导思想上就犯有"左"的错误,一会儿说"四清运动"是为了解决"四清"与"四不清"的矛盾,或"干部与群众的矛盾",一会儿又上升到阶级斗争、路线斗争的高度,乃至把这场运动定性为社会主义道路与资本主义道路的斗争,是"整党内走资本主义道路当权派",把大量不属于阶级斗争、道路斗争的问题硬扯为阶级斗争、道路斗争及其在党内的反映,对干部思想上、工作作风和生活作风上的问题以及多吃多占等经济问题,都任意上纲上线、严酷斗争、无情打击,使许多基层干部蒙受冤屈。有些工作队员因长期受"左"倾思想影响,有"宁左勿右"的思维定势,在"四清"工作中往往夸大阶级斗争、路线斗争的严重性、复杂性,着力于搜寻、挖掘干部的问题,个别人甚至想象与夸张干部的缺点、错误,以显示自己的"政治敏锐性"、"斗争坚定性"和自己工作的"成绩"。

我和吴维国在当时的政治氛围中,当然也受到"左"倾思潮的影响,先入为主地认定农村干部问题严重,有阶级斗争,否则为什么要这么兴师动众地来搞"四清"运动呢?但是,我们在调查中逐步发现,农村干部虽然存在各种各样的问题,但大多是因为农村在生产、分配制度上存在着缺陷,在干部教育、管理上还不完善,其中许多错误如多吃多占、强迫命令和生活作风等,与阶级斗争并没有什么关系,与"走资本主义道路"更是对不上号。所以我们在写调查报告时,既肯定和分析干部中存在的各种缺点、错误,又从实际出发,不上纲上线,不添油加醋,不凭空想象,不妄下结论,不乱扣帽子,知道多少写多少。写完后还有些担心,我们会不会被认为是"右倾"或有"右倾思想倾向"?据说我们写的那份调查报告曾由张黎洲呈送杨西光同志审阅,杨西光看后笑笑,没有说什么。

杨西光同志要我和吴维国调查奉贤土匪问题,主要是想了解奉贤的社会历史情况和风土民情状况。由于土匪是在新中国成立前发生的,奉贤的中青年人都不了解具体情况,只是听说过一些故事,我们便向一些耆老进行调查。奉贤县东临东海、南濒杭州湾、北枕黄浦江,自明、清以来便已匪多为患。民国时期,这里的土匪有好几个帮派,其中最有名的叫"黄八妹",据说是个"双枪女将",凶悍残忍,手下有数十人,横行乡里多年,连政府军和警察都不敢惹她,因为她在国民政府有"靠山",而政府军和警察中有些人又是她的部下。抗日战争时期,国民政府早已逃之夭夭,日寇无法长期占领农村,奉贤一度处于无政府状态,惯匪乘机扩大队伍,又滋生了许多新的土匪群。他们中有的人因抗日而结集队伍,曾被误认为是土匪,后来参加了新四军;有的人曾有过劫掠行为,又不满日伪肆虐,后来投诚到新四军;有的投入"忠义救国军",受国民党制辖;有的投靠汪伪军,成了汉奸做日寇帮凶;有的则到处流窜,打家劫舍,成为流寇。在这些土匪群中,除一些匪首外,大多数都是在日寇烧杀抢掠、战火硝烟弥漫中无计生存的农民铤而走险,或被胁迫裹挟而误入匪群的平民。有的所谓"土匪",实际上只是随大流临时捞点"外快"。例如，日寇来了以后，许多有钱人家或殷实之家锁上大门，逃到上海城里或外地避难，于是有些农民就成群结队地到这些人家打劫，没有金银财宝，就把床架、门板、桌椅、锅碗洗劫一空，戏称为"硬搬家"。有个老妇人走不快，去的晚了些，没有东西好拿，就把灶头上一只盐钵捧回家去。由于有许多在新中国成立之前曾参与过土匪活动的人现在还活着，因此我们在调查报告中提出一些政策建议。例如，承认当年曾参与抗日战争的人为革命军人；严惩作恶多端的匪首、汉奸和有血案的土匪分子；对被生活所迫或被胁迫加入土匪队伍而无严重罪行的人可从轻处理，只作为历史污点备案；对那些偶尔参与"硬搬家"的人则不以土匪论处。据知我们提交的那份调查报告，曾被"四清"工作团党委印发给各工作队大队，作为运动后期处理历史遗留问题的参考。

1965年夏天，奉贤县"四清"运动试点结束，我又回到复旦大学中文系。紧接着上海其他郊县也开始进行"四清"运动，中文系许多师生都下乡了。我无课可上，便乘机读了些书，并兼任了中文系教师临时党支部委员。可是过了几个月，我又下乡了。这是我当教师后的第三次下乡，这次不是下乡搞政治运动，而是做下乡办学的"试点"。这是我毕业后参加的第三个"试点"工作。

"三湾办学"

20世纪60年代前半叶，中国和国际环境恶化，中央决定加强"大三线"、"小三线"建设，有些单位已陆续内迁。复旦大学也在考虑到"小三线"建分校，以备一旦战争爆发，就像抗日战争时期的西南联大一样，到"小三线"分校继续教学、科研活动。复旦大学原先曾考虑把分校建在黄山脚下，但那里离上海、离总校都太远，交通不方便。1965年决定在青浦县办个临时分校。该年10月下旬，党委副书记郑子文带领校总务处长、基建科长和我到青浦县去选分校新校址。之所以让我去，是因为党委决定让中文系做试点；因为我当过系秘书，有组织教学的经验，并单独授过几届课，有教学能力；还因为我当过学生政治指导员，有做思想政治工作的能力和经验；此外，我还到青浦县参加过整顿"三类队"的运动，对青浦的情况比较熟悉，所以便让我做中文系教师代表一起参加勘察。这是我第三次下乡做"试点"工作。不过这次下乡不再是搞政治运动的"试点"，而是以中文系代表、教师牵头人的身份下乡办学，办复旦大学分校的试点。我深知这项工作的分量和我的责任。

我们4人驱车先到青浦县委大院，经与县委领导协商后，我们再驱车到了淀山湖畔的三湾大队，在大队干部的推荐和指引下，我们选中了一块三面有河流的半岛，决定在这里办分校，并且规划了何处建食堂、教室、师生宿舍和文体活动场所。为了让师生到来以后就有饭吃，我们决定先建厨房食堂、后建教室等。1个月后，简易食堂建成，我们中文系一年级60个学生和几位教师来到三湾大队分校。我任教学组长，教师有哲学、文学史、语言学、写作和文艺理论等，我教文艺理论课。根据分校十分简陋的设备情况，我们提出一个口号："学习延安鲁艺精神！""鲁艺"是抗日战争时期在延安成立的培养革命文艺家、文艺干部的学校。当时"鲁艺"的工作、生活、学习条件十分艰苦，却培养出大批优秀的革命文艺家。我们现在分校的设备、教学、生活条件与当年的"鲁艺"有相似之处，所以我们就用学习延安鲁艺精神来鼓舞学生和我们自己。当时师生宿舍尚未造好，我们就先借住在农民家里；教室也未造好，我们就在农民家堂屋或室外大树下上课，将一块小黑板挂在农民家墙上或挂在树上；没有课桌椅，就发给每人一块一尺半长、一尺宽的小木板和一只小板凳，上课时学生便把这块小木板搁在膝盖上记笔记；没有操场，学生们就下棋，或拍拍、传传篮球、排球，或拼起两张借来的桌子打乒乓球……可以说，这里的教学设备一切都是白手起家、因陋就简。但是最困难的还是这里没有图书馆，学生没有书读，教师备课也没有参考书。我向校领导提出要求，终于送来了几百本有关文学的书籍，让学生轮流阅读，学生自己带来的书籍也互相借阅，但究竟是杯水车薪，教学质量当然不可避免地会受到一些影响，在学生中也难免会有人发出怨言。大家也意识到这是时局、是国际环境造成的结果，加上"学习延安鲁艺精神"的鼓舞，仿佛自己也经历了那场战争年代革命根据地的"火热生活",体验到那些许的革命激情,产生了一些荣耀感。

到 1966 年 5 月中旬,我们的简易宿舍已经造成,教室即将竣工,并已开始开辟操场。忽然传来"文化大革命"的消息,在乡下订的几份报纸也天天有"文革"初期的新闻,有学生曾回总校,看到那里出现不少大字报,"非常热闹"!学生们耐不住了,纷纷要求回校参加"革命",当然也有想尽快离开这个学习条件太差地方的念头。到了 6 月初,复旦党委决定让我们回校。三湾办学半年多,就这么突然结束了!复旦在那里建造的一些房子,还有一些生活用具,据说都无偿地送给了三湾大队。

在回校之前的 4 月,"文革"尚未开始,上海市委副书记兼教育卫生部部长杨西光同志曾特地到"小三线"办学试点、复旦的三湾分校来视察,准备为"小三线"办大学分校总结经验以便推广,还曾应邀给我们在三湾分校的中文系师生作了一个报告,主要谈青年人的志向。他举了许多例证,指出很多创造发明都是年轻人在艰苦的环境中创造的。他还当场问我:"邱明正,你算是青年人还是中年人?"我说:"青年,青年!"他又说:"你当然是青年,前年你在奉贤县参加'四清'工作团调查组工作时,就住在我的楼下,还是个小伙子哩!"他接着说你们这几位教师都是年轻人,要和学生一样,在比较艰苦的环境锻炼自己,并且引导学生培养艰苦奋斗的精神。最后他还提出要尽快改善这里的办学条件。当时我们听了都很受鼓舞,尤其是市委领导这么关心我们在这个小山村开展教学活动,觉得很光荣。可是谁也没有想到,才过了两个月,杨西光就被"打倒",并且被红卫兵揪到复旦来批斗。真是世事难以预料!杨西光在被批斗时,挂牌子、揪头发,他的名字也被打上红"×",似乎已经"身败名裂,永世不得翻身",可是谁又会想到,"文革"结束后,他又担任《光明日报》的总编辑,并且在发起"实践是检验真理的唯一标准"的大讨论中立下大功!在那动荡的十几年中,中国的"世事"不仅"难以预料",而且逆转、逆转再逆转,"旋转"得人们头晕目眩,莫辨东西,几乎要发疯。

三、"文革"十年

惶惑

1966年6月,我们从青浦县三湾分校回到复旦大学,学生宿舍区乃至教学大楼里果然已经贴满大字报,有的揭发批判党委和某些干部的缺点、错误,有的则"炮轰"党委,要党委"罢官"。我在三湾任教的一年级学生将升至二年级,我一回校就被任命为这个年级的政治指导员。这个年级的60个学生很快就形成了对立的两派:一派主张批评党委、总支,但反对"炮轰"、"罢官",被贬斥为"保皇派";一派是"造反派",其中又分为"红革会"、"红三司"、"炮司"等派别。我没有参加任何一派,但我反对捏造事实,罗织罪名,抓住一点,不计其余,全面否定党委,对党政干部动辄就是"打倒"、"火烧"、"油炸",把教学秩序完全打乱,使学校完全处于无政府的瘫痪状态,认为这是不负责任的甚至是受人指使、别有用心的错误行为。同时,我在心底又为那些造反派学生担忧,因为我经历过"反右"运动,担心这些造反的学生年纪轻,没经验,容易被蛊惑、被利用、被"钓鱼",运动一过,又有一大批青年学生被打成右派!所以,我就和那些被称为"保皇派"的学生一起劝说那些造反派的学生,让他们的行为不要太出格;也劝阻那些"保皇派"的学生,不要和造反派学生闹对立、搞对抗,制止两派之间互相乱扣帽子、乱抓辫子、乱打棍子。

可是很快我就发现"我错了",因为中央是支持造反派的。我陷入困惑、迷茫:是不是我的思想跟不上形势?是不是像"反右"时期那样,我又犯了"温情主义"的毛病,又重复了"右倾"错误?但是我天天所见所闻的大量怪现象又让我惶恐和反感,学校里造反派不仅围攻党委,而且煽起了"斗鬼风",许多干部被"打倒",脸被涂黑,头戴纸扎的高帽子,胸前挂块纸牌子,被绳子牵着游街"示众"。尤其是许多老教授、教师被打成"牛鬼蛇神"、"反动学术权威",罚跪在毛主席塑像前"请罪"。各系和机关都纷纷举行揭发会、批斗会,让被斗者倒背双手"坐飞机"、低头跪在台上挨斗和挨打,还"勒令"所谓"知情人""站稳立场"、"划清界限",揭发亲人、朋友,致使原先的同学、同事、朋友、父子、夫妻、兄弟一个个都变成势不两立的敌人、仇人!人们天天举着"红宝书",高喊"革命无罪,造反有理"、"革命不是请客吃饭"之类的口号,跳"忠"字舞,做"忠"字操,连吃饭时也要举起"红宝书",在毛主席像前背语录……这是什么"革命"?我翻读了毛泽东的《湖南农民运动考察报告》,才仿佛领悟现在的运动就像当年的农民运动,就像打倒地主一样斗干部、斗教授、斗知识分子!我在心底不由发出抗议:"这绝不是革命运动!"

有一天,我路过上海市中心南京路,看到一长列卡车头尾相连,前头已到国际饭店附近,尾巴还在外滩。每辆车上都站着几个头戴藤条帽或安全帽、手持红缨枪或铁棍的工人造反派队员,在他们中间夹着几个头戴纸糊高帽子、胸前挂木牌子、上面写着名字又被打上红"×"的人低着头、哭丧着脸。一看就知道,他们是被工厂企业"揪出"、"打倒"、"游街"的干部。那么长的车队,该有多少干部被押着游街?还有多少干部被关在"牛棚"?我感到胸口发闷,不禁怒从中来,几乎脱口而出:"华子良①也一定被打倒、被押着游街了吧!"不由想到,今天的天下是那些革命者抛头颅、洒热血打下来的,怎么可以对他们任意侮辱?如果说"文革"是为了防修、反修,反对走资本主义道路,难道上海、全国的干部都成了"走资派"?如果真的要打倒"走资派",

---

① 华子良,长篇小说《红岩》里那个装疯而逃出国民党监狱的革命干部。

罢某些不顺眼的人的官,召开中央委员会或地方党委会议,不就可以解决吗?为什么要挑拨群众,愚弄群众,乱打乱斗,胡作非为?这个"文化大革命"究竟是革的什么命?这分明是毁灭文化,就像许多人说的"大革文化命"啊!

那天晚上,我回到宿舍,怎么也睡不着。夜里很冷,我半夜起床,披着棉衣,浑身冒冷汗,我把滚烫的额头紧贴在冰冰的窗玻璃上,低着头,闭着眼,一遍遍低吟《国际歌》,眼泪就像雨水一样洒落下来,我几乎要精神崩溃了!如果不是还看到一些正面的东西、高尚的东西,如果不是还想到我敬仰的周恩来、陈毅等人,我的信仰几乎要破灭了!

学生分成对立的两派,教师也分成两派。有一次我在校园里遇到也当过政治指导员的李某。他早已加入造反派,以前我和他彼此尊重,有说有笑,不料这时一见面,他就板起面孔教训我:"你为什么要保皇,还不是为了保乌纱帽吗?"我本来心情就不好,一听此言,不由勃然大怒:"姓李的,你以为你当指导员,就戴上了乌纱帽吗?你也太可怜了!"他脸一红,悻悻然地走了。我又追上几步,大吼:"我不需要保皇,我要保做人的尊严,要保共产党员的良心!"在这动乱的污浊的环境中,要保持"尊严"和"良心"是很难的。我在苦苦思索如何洁身自好,怎样才能使自己还像是一个人!

"逍遥派"与"明白人"

当党委被冲决、各级党政机构都瘫痪以后,原来力保党委的人一个个改弦更张,响应中央文革号召,倒向或参加了造反派,都"咸与革命",造反了!中文系教师也有许多人加入了造反派,唯独我和另几位教师没有参加。先后有新参加"红三司"的教师劝我加入他们那一派,后有"红革会"的一位老造反派教师动员我参加他那一派,我都婉言谢绝了。我的理由很"堂皇":"我早已参加了共产党,我认为党内不应该有派,我参加哪一派都不妥当。等你们各派都联合了,我再参加吧!"我这是话里有话,实际上是指责那些派别是搞山头主义、宗派主义。不知那些说客听懂了没有,但是有一点他们是非常明白的,如果各派联合了,也就没有派了,我还参加什么呢?从此,我仿佛有了一种孤独感,不是旁人排斥、孤立我,而是我排斥环境的侵扰,自我孤立。我向来反对自高自大、自以为是,但在这个时候,我觉得自己越来越自信,越来越看不起人了。以前有朋友批评我"太清高",实际上现在我才是真正的"清高"!从此,我就偶尔去看看大字报,参加一些不得不参加的批斗会,但是一言不发,成为"看客"和"听众",心中时时发出鄙夷的冷笑和恨恨的诅咒。我们这些"看客"和"听众"就被人称作"逍遥派"。

但是,"逍遥派"并不逍遥,心中的苦闷和愤懑怎能逍遥得了?!何况每听到中央文革有什么"最高指示",都担心又有什么人要遭殃,又是什么地方搞武斗。在单位里每到批斗某某人时,造反派就"勒令"我们揭发批判。我的许多老师、同事、老同学被打成"走资派"、"反动学术权威",乃至"反革命"、"假党员",造反派更是指着我的鼻子要我揭发,要我"站稳立场"、"划清界限",我都报以沉默,或以"不了解情况"加以拒绝。"文革"十年,我没有揭发、批判过任何人,没有做过任何的亏心事,这是可以聊以自慰的。

既然"逍遥"了,无事可做了,实在郁闷,便想找一些书来读。图书馆、阅览室早已封闭,新华书店也无书可买,那些古今中外的文学、学术名著都被当作"封资修"的东西,不是被烧了,就是被封存。我这个读书人竟无书可读!我只得向朋友借书看,借到了一本《资治通鉴》。据说宋代以后,有些掌权者常读此书,我倒要看看,此书究竟怎样"资治"。读了一些篇章后,我似有所悟。原来书中既记载了许多古代治世的历史经验,又记叙了许多权力斗争、纵横捭阖的故事。这是一部历史书,它可以"资治",也可以"资乱",不同的人可以从中获得不同的启迪。对于其中描述的"权术",我是很难学到也是不想学的,有的人学到了,而且融会贯通,有所创造,"青出于蓝又胜于蓝",用来对付同僚、同志和战友,真是"无情斗争,斩尽杀绝"啊!后来我又从外文系一位教师那里借到一本《第三帝国兴亡》,偷偷读了以后,真让我浑身发冷:希特勒的独裁、疯狂,人民大众对他的狂热欢呼、崇拜;他听任下属相互杯葛、冲突,然后由他来"仲裁",以保持他的绝对权威;"冲锋队"、"党卫军"有恃无恐,滥杀无辜;青少年在"军事夏令营""洗脑"、乱交……这一切都是"二战"期间德国政治生活的写照,我真希望这仅是一种不可再现的罪恶的历史,读了它只当是做了一场梦!

经过一段时间的观察,我对这场"文化大革命"的初衷和运动中的种种恶行,已经较少"困惑"、"惶恐",而是发自内心的憎恨了!我期待着那么一天,这种倒行逆施的"革命"快快结束!从此,我对这场运动中什么新"指示"、新"精神",再也不去理会,而是"横眉冷对",要凭自己的良心、经验、理智去考量。我的名字叫"明正",在这妖雾弥漫的时刻,我要做明白人,只做正当事。而要做政治上的明白人,就必须遇事要冷静,要独立思考,要自行判断,甚至要依凭自己的感觉。感觉本来是一种感性经验,是不可靠的,但在那思想、理论、道德都陷入极其混乱的特定环境中,却是保持自己的清醒头脑所必须的,因为这种感觉已经是多种经验的积淀和升华,是种包含着理智的理性直觉。当时曾有人借用俄国革命民主主义者、文学批评家别林斯基评论现实主义作家时的用语"清醒的现实主义者",半开玩笑地称我是"清醒的现实主义者",我觉得这是对我的褒奖!在这浑浊的环境中怎么可以不独立、不清醒?怎么可以不冷静地观察现实,分析现实,人云亦云?否则,岂不成了可怜的糊涂虫和可恶又可笑的工具?

那时天天斗"走资派",天天抓"叛徒"、"特务",天天揪"反革命",天天都要打倒一些人。今天此人坐在主席台上,发号施令,明天却被人家押跪在台下,成了囚徒,真像鲁迅先生所说的"城头变幻大王旗"!于是有的人被迫害以后为了解脱,便抗拒、自杀;有的人为了"解放自己",便"随时准备反戈一击",乱咬他人,揭发同志,诬陷朋友,出卖灵魂,丑态百出;有的人则浑水摸鱼,趋炎附势,投机钻营,企图捞个一官半职。看到这种情景,我在告诫自己"要做明白人,只做正当事"的信条以外,又为自己拟了3句话作为我的座右铭。这3句话是:

"当你被打倒时,不要急于爬起来,否则,必然趋炎附势,诬陷他人,出卖灵魂!"

"当别人把梯子放在你面前时,不要急于向上爬,否则必然爬得越高,跌得越重!"

三、"文革"十年

"当你实在想不通时,你要相信历史,历史终究会作出公正的裁判!"

这几句话是我为了告诫自己所立下的信条,但有时也忍不住悄悄对自己的好朋友说说,以资相互鼓励。我曾对历史系的青年教师、共产党员吴维国讲过,他是产业工人出身,很有才华和活力,在奉贤县搞"四清"运动时,我俩总是在一起开展调查研究。在"文革"中,他对抗得很剧烈,我知道他的险境,便对他说:"你是研究历史的,你应该相信历史,乌云终究会散去的。"可是当他被打成"反革命"、被囚禁在学生宿舍时,他跳楼自杀了!据说在"文革"十年中,仅仅复旦一个学校,非正常死亡的师生员工和家属就有数十人!造反派说他们是"畏罪自杀",是"自绝于人民",这是彻头彻尾的流氓恶霸语言,是无耻的中伤!他们是为了向恶势力抗争,为了自己的名誉,为了做人的尊严,为了不甘屈辱而死,是被迫害而死的。直到"文革"结束后,他们才得以平反昭雪。这就是历史的公正性,但是来得太晚了!太晚了!太晚了!

我是出于无奈当了"逍遥派",可是有人却不让我逍遥。所谓"一月风暴"后,上海和各地纷纷成立了"革命委员会",复旦各系也在酝酿成立"革委会"。一件想不到的事情突然落到我的身上。一天上午,中文系造反派"红革会"的头头周某某突然闯到我的宿舍,一本正经地对我说:"中文系马上就要成立革委会了,经过多方研究,决定由我当主任,请你出山当副主任!"我十分惊讶,又觉得好笑,刚说不要急于爬梯子,梯子就送上门了!我真想哈哈大笑,笑个痛快,可是我马上抿住嘴,也一本正经地对他说:"你大概搞错了吧?革委会成员要'三结合',我既不是造反派头头,更不是什么'革命干部',怎么会想到让我参加革委会,还当什么副主任?"他说:"我们认为你作风正派,理论水平强,在群众中有威信,你来当副主任最合适,能摆平各种关系。"我说:"你们肯定搞错了。我在运动中是个'逍遥派',对当前形势已经十分隔阂,不知秦汉,焉知魏晋?怎么可以当什么头头?"结果谈得不欢而散。我心中明白,他所谓的"我们",仅是"红革会"的那些人,我如果跟他们混在一起,非但要听他们的摆布,而且还要和参加其他派别的人对立起来,我可没有那么傻!更何况经过"文革"这些日子,我对当干部已经心冷如冰,还当什么副主任?!第二天我接到通知,下午召开中文系教师大会,我估计要宣布"革委会"班子名单。我原想拒绝参加这个会议,但再一想,不对,我不能不去！走到校门口时,我又遇到周某某,严正地告诉他,我绝不参加革委会。他很恼火,却莫名其妙地丢下一句："你别管！"就匆匆离开了。

大会在中文系阅览室举行,由周某某主持,先照例由他领头背诵毛主席语录,背毕,他正准备讲话,我马上站起来,对大家说："我听说今天要宣布中文系'革委会'成员名单,又听说在这份名单中有我的名字。我在此郑重宣布：我不参加中文'革委会'！"我的话音一落,会场里顿时乱了起来,纷纷责问是怎么回事,在搞什么名堂……周某某闷坐在那里,一言不发,脸色铁青,过了一会儿,他突然愤愤站了起来,大叫一声："散会！"就大步走出会场。教师们纷纷问我究竟是怎么回事,我只是笑笑,不作解释,也不指责任何人。有教师对我说："老邱,你做得对！"有人说："邱明正,你真可谓是个清醒的现实主义者！"在回家的路上,遇到我的老师王运熙先生,他说："你要当心,他们可能要报复你！"我说："不怕,我不是和他们争什么权,也不是争当什么副主任,他们罗织不了什么罪名。"后来倒也真的相安无事,可能是他们也意识到由他们单独拟定的名单难以服众,只好不了了之。

后来中文系教师中也要成立"革委会"或领导小组,许多人建议我参加,说是不要让造反派专权,让我去"掺砂子"。我对此当然毫无兴趣,可是经过多人劝说,我只得勉强同意,因为在5个人组成的"领导小组"中,有3个人不属于哪一派,这样,我们就可以3个人应付那两个属于造反派的人了。其实,这个"革委会"或领导小组成立后,也没多少正经事可以做。不久,工宣队、军宣队开进复旦,操纵了一切大权,原先闹了半天才成立的"革委会"之类实际上已是名存实亡。

当了"逍遥派",当然是既无聊,又苦恼,可是却有一个意想不到的好处,而且是天大的好处：我有空谈恋爱,忙结婚了！以前,学校有个不成文的"校规"：在读学生不可以谈恋爱、结婚；教师,尤其是政治指导员不许和学生谈恋爱,更不许和学生结婚。我已经当了几年教师,还当过两届政治指导员,天天与女学生打交道。那些女学生有漂亮的,有能干的,有贤惠的,甚至有对我有那么点"意思"的,可是我都"规矩"得很,除了和她们谈工作、谈学习,乃至谈思想、谈理想,却从来不敢透露半点"非分之想",加上我毕业后六七年曾 3 次下乡,几乎有一半时间在农村工作,所以我直到 32 岁还是个"王老五"。当上"逍遥派"以后,我最"富裕"的就是时间,经过朋友介绍,我认识了妇产科医生华馥仙。我俩都是"臭老九",倒真是气味相投,一见钟情,心心相印,交往不到一年,我们就于 1967 年 11 月结婚了。我恨"文化大革命"祸国殃民,但有一点却要"感谢"它:那时人们天天忙着"闹革命"、"打派仗",有的人则天天担心何时大祸临头,人心惶惶,市场萧索,娱乐场所关门,这倒让我这个穷教师省了不少钱,免除了因出手寒酸而遭人嘲笑!在和馥仙"谈朋友"期间,反正逛马路不要钱,我们就常常逛马路,我没有请她到大饭店吃过一顿饭,没有请她看过一场电影、一场戏(那时也没有戏看),甚至没有送过她一件像样的礼品。在结婚的那一天,我俩就拍了一张巴掌大的黑白的半身结婚照,在家里烧了几个菜,只请了双方亲属和一个因逃避"武斗"而从南京到我家来避难的堂姐,总共 8 个人,正好一桌。我俩收到的唯一结婚"贺礼",就是我堂姐送的一对上面画着两朵向日葵的搪瓷漱口杯。

◉ 1967 年,与华馥仙结婚

婚礼的豪华与婚姻的幸福并不都成正比例,婚礼的简陋与婚后的和谐却可以相反相成。因为有了美满的婚姻,使我这个"逍遥派"无聊、郁闷、忿懑的心情缓解了许多,还避免了因激愤而不择言,得罪了当权者。当我和馥仙庆贺50年"金婚"、忆及当年寒酸的交游和结婚仪式时,连半点遗憾都没有,只觉得有趣、好笑,还有点庆幸,庆幸我们的心境从那时起逐步冲淡了阴霾,走向了理智,相信总有一天会迎来黎明。

与工、军宣队打交道

复旦的工、军宣传队(全称"毛泽东思想宣传队")主要由上海柴油机厂、上海第五钢铁厂的工人和驻沪空四军官兵组成,是响应"工人阶级进驻上层建筑"的号召到复旦来的。来之前他们曾学过有关文件和报告,听说大学里的教师每天一杯茶、一张报纸不干事,每月几百元工资还反对共产党,所以他们都是怀着义愤和革命激情到大学来的,准备狠狠批斗一下这些"资产阶级知识分子"!他们刚进校时,对教师尤其对老教授非常凶狠,一副征服者、占领者、管制者、教育者的架势。尤其是那些从中专技校毕业到工厂当技术工人的年轻人,更是动辄训斥,甚至咒骂教师,被人戏称为"小知识分子整大知识分子",也有人学舌说这是"子教三娘"。面对这种情景,我常报以冷笑:这些年轻人真的是在干革命吗?非也!他们中有些人都做过"大学梦",有的还是以前考大学的落榜生。他们进驻大学以后,便同社会上某种人一样,出于对知识分子的嫉恨,便以训斥、批斗教师来发泄自己未做成大学生和知识分子的怨恨,并以此表示:你们这些教授有什么了不起,今天我比你们强,你们就得乖乖地听我的教训;明天我再给你们一个笑脸,你们还得对我感恩戴德!当然,他们还以此表现他们的"阶级立场"和"革命精神"。实际上他们和那些"左"得出奇的造反派一样,不过是一群被欺骗、被利用的工具。我尽量不和他们接触,更不向他们吐露半点心声,即所谓"道不同不相与谋"也。

所幸的是,我接触较多的几位老工人、军人对我比较温和,没有鼓动红卫兵批斗过我。我分析其中一个重要原因可能是:我没有为了迎合他们,学着造反派的口吻,讲一些"左"的丧失情理的混账话,而是按照常理谈自己的意见和看法,反而取得了他们的信任。我相信"常人"是听得进"常理"的,只有丧失了理智和"常理心"的人,才会欣赏那些"非人"的话语。我和那些老工人、军人还有一些共同语言,他们甚至还向我悄悄说些心里话。有位老师傅说:"教师发工资时,我去看了工资单,发现像你这样的教师,每月只有60元,比我还低!我们上当了!"有的说:"那些老教授是为国家做过贡献的,至少是培养了许多大学生,怎么可以这样来批斗人家!"有位师傅甚至爽快地对我说:"老邱,算了吧!你不要当教师了,到我们工厂去工作,像你这样有学问、有能力的人,至少可以当个车间主任!"

我十分感激这些老师傅,尽管我认为鼓动工人、军人进驻大学批斗教师,挑拨工人、军人与知识分子的矛盾、对立,是种倒行逆施,但我仍认为这些工人、军人是被欺骗的,是无辜的,他们中有许多人是非常淳朴、非常善良的。我曾经利用他们和我的良好关系,暗中保护过几位教师。

一是在"抄家"风起时,我在校园里遇到两位工宣队员和两位红卫兵学生,他们正要到蒋孔阳、濮之珍先生家里去"抄家"。这种"抄家"名义上是"除四旧",实际上是查所谓的"黑材料",以便罗织罪名。他们一见到我便拉我一起去。蒋、濮二位是我尊敬的老师,我怎么可以去抄他们的家?这岂不成了衣冠禽兽?但我冷静一想:不好!如果被他们抄去一些新中国成立之前的东西,蒋先生一家岂不又要遭殃,我还是去跟着看看吧,说不定还能帮上点忙。我就对工宣队员说:"我不大好意思到他家里去,就站在他家外面看看可以吗?"那位工宣队员笑笑,居然同意了。他们在蒋家翻了一阵子,抄走了一些东西,其中有两本厚厚的簿子,那位工宣队员拿出来给我看,好像是明知故问,问我这是什么东西?我一看,大吃一惊,原来是蒋先生、濮先生在新中国成立前夕在南京中央大学就学时的日记簿。听说那时他俩正在谈恋爱,在日记簿里可能有谈情说爱的东西,还很可能有对时局的评议,这种东西如果落到红卫兵的手里,必将是一场灾难!我急中生智,对工宣队员说:"这是他们的学习笔记,里面可能有谈情说爱的东西,给红卫兵看到,不大好吧?可否让我来保管?"那位工宣队员向我眨眨眼睛,往我怀里一塞,走开了。我带回宿舍以后,连忙藏起来,等风头过了,我才悄悄地还给蒋先生。但他对此过程并不知情。

二是工宣队刘师傅带了20多个学生到江南造船厂劳动,当时的名称叫"学工"。这批人算是一个"排"(中文系算是一个"连"),工宣队让我当"排长",实即几个教师的小组长。我们天天按时上班,发现那位教写作课的老师秦耕连续几次迟到。刘师傅很恼火,说这个地主家庭出身的教师不肯认真改造,要召开批斗会狠狠批他一下。我有点着急,心想此会一开,秦耕以后还怎么上课,怎么辅导学生,怎么做人?我便对刘师傅说:"这样吧,我先去了解一下,问问他为什么老是迟到,如果他目无纪律,那时再批评也不迟。"刘师傅是位很严厉的老工人,许多人都怕他,但对我比较客气,竟同意了我的建议。我悄悄把秦耕拉到一个僻静的角落,问他这几天为何常迟到。他说妻子病了,孩子又小,他不得不安排好了妻儿,再匆匆赶十多里路来厂里上班。听此一说,我便想出一个让他"过关"的办法:"等会儿你到刘师傅那里,先向他检讨,再说明原因,然后你就说邱明正刚才把我狠狠批评了一顿,我已向他作了检讨!"刘师傅听说我已批评过他,就没有再召开"批斗会",对秦耕以后再次迟到反而眼开眼闭了。

三是有次中文系师生到顾村公社参加"三秋"劳动,当时的名称叫"学农"。已经60岁的刘季高先生也去了,他很讲究卫生,每到吃饭时老是拿出自带的酒精棉反复擦拭碗筷,学生们看不惯,认为这是"资产阶级生活作风",是"看不起贫下中农",准备晚上歇工后狠狠批判、嘲弄他一番。我觉得刘先生这么做也有点不避嫌疑,但这是生活习惯、生活细节问题,为什么要批判呢?何况他已经60岁,能下乡来做些轻微劳动已经很不错,再批判、嘲笑他,叫他以后怎么上讲台?我便把这些对工宣队员说了,他也认为不要小题大做,建议我去提醒一下刘先生,叫他注意影响。第二天在劳动间歇时,我把刘先生拉到桥边,告诉他学生们的意见,谁知他并不买账,气呼呼地说:"我已经快60岁了,家有妻子儿女,全靠我一个人生活,我不能生病啊!这里的卫生条件这么差,如果我病了,死了,谁来照顾我的家小?"我听了这些话,既同情他,又觉得有点好笑,便劝他说:"你以后悄悄地擦碗筷,不要让他们看见,免得麻烦!"他说:"好的,好的!"晚上我对工宣队员和学生们说:"我已经批评过他了,他家庭负担重,年纪又大了,就怕生病,并不是看不起贫下中农。"我这么一说,大家也就不吭声了。

在"文革"中,我没有什么权力,先是"逍遥派",后是普通教师,只是利用我和工宣队员还算正常的关系,在可能的条件下,帮助、保护过一些人。这么做,倒不是想获得什么赞誉,而是在心理上、良心上得到一些平衡和安慰,证明在那恶劣的环境中,我没有随波逐流,我还像一个人!

在"五七文科"

1971年,"文革"动乱已整整5年,各地两派、三派、N派相互争权夺利,格斗不已,有些地方甚至还动起真刀真枪,真是杀红了眼睛!各类学校早已关门大吉,无数青少年被送到农村去"修地球","接受贫下中农再教育",在居民里弄时常有人在某些人家门口敲锣打鼓、喊口号,催逼青少年下乡,火车站里送子别兄,哭声震天……唉,这算是什么世界!

那年有一天突然传来一个大学可能要复课的消息,其中说到"大学还是要办的"。我听了既觉得高兴,看来大学又要恢复招生了;又觉得齿寒,尤其对"还是要"那3个字百思不得其解,好像我们这么大一个国家,大学似乎可办也可以不办!好像经过再三斟酌、权衡利弊,才觉得"还是要办的"有利一些。我猜想这句话可能是回答那些反对办大学的极左派的。我真不懂,已经是20世纪中叶,我国又是一个文明古国,对大学究竟要不要办还会有人反对,还要这样艰苦地斟酌一番?

不过,这个指示一下达,立即受到广大教师的热烈欢迎。他们已被批斗、搁置了整整几年,正忧心忡忡,如果再让青少年无书可读、无学可上,将使亿万青少年堕落成"文盲加流氓"式的人物,中华民族将堕落成什么样子!可是我们这些可爱的教师还是高兴得太早,而且还显得有些天真。因为"指示"下达了,而各类学校早已被砸得七零八落,教师也早已被发配、分散到各处。更何况要办学要重上讲台,还有人不放心。"资产阶级知识分子"是仅次于地、富、反、坏、右、叛徒、特务、走资派之后的"臭老九",有人还在担心教师用封资修的思想毒害青少年,和无产阶级"争夺青少年",所以还要挑选挑选,还要"试一试"。

复旦大学带头"试"了,但不是各系都恢复招生、上课,而是办了个文、史、哲、经"综合"的大文科,取名为"五七文科";也不是向社会广泛招生,而是从复旦大学的工、军宣队中,挑选了30个"根子红,觉悟高"的青年工人、士兵充当学员。教师从哪里来?由工、军宣队在文科各系中挑选一些经过"政审"确认没有"政治、历史问题"的青年教师,共10个人。我也有幸被抽中。

1971年夏天开始筹备,由一位军宣队员和一位工宣队员负责,我们这些教师和几个学员代表一齐参加研究、讨论。我对办这种"大文科"以及如此招生虽然并不以为然,但我毕竟是教师,是有社会责任感的知识分子,当我被选拔进去时,确实是挺高兴的,至少可以不再做那无事可做的"逍遥派"了。当我们讨论开什么课、如何开课等教学问题时,由于我已有几年的教学经验,又当过系教学秘书,组织安排过教学活动,因此我很积极投入,不遗余力地奉献我的经验,那几位青年教师也赞同我的设想,至于工、军宣队员更是愿意乃至主动听取我的意见、建议。有学员开玩笑说:"邱老师的嘴,工军宣队的腿。"我听到以后吓了一大跳,连忙加以制止,也半开玩笑地说:"请你们帮帮忙,让我过两天太平日子!"

9月初要正式开学了,同时也要正式确立领导班子成员。其中大家最关心的是谁当教师代表进入领导班子,当时几乎没有怎么讨论,更没有什么异议,相信工、军宣队早已"内定",非邱明正莫属!可是当工、军宣队负责人正式宣布时,谁也没有料到我却一口谢绝了!那两位负责人目瞪口呆,教师们也纷纷问我为什么。我说得很"漂亮":"我的阶级斗争、路线斗争觉悟很低,到现在连造反派都没有参加,不配当领导;我的能力很差,不知道如何开展教育革命,所以我不适合当代表、当领导!"而我的实际想法是:一来"五七文科"是个大文科,究竟应该怎么办谁也说不清楚,我如果当领导,而且是教学领导,势必瞎子摸象。二是几年来一直在批判资产阶级修正主义教育路线,究竟什么是无产阶级教育路线谁也说不清,难道学工、学农、学军就是革命路线,就能培养德智体美的接班人吗?三是我们这些人早就被定为"资产阶级知识分子",并被诬为"臭老九",我如果当了领导,岂不是"篡党夺权",罪莫大矣!四是几年前我就许下"不爬梯子"的诺言,现在"梯子"刚摆到我面前,我就忙不迭地向上爬,是不是有点自作多情,骨头太贱?五是复旦这个"五七文科"是全国第一个复学的试点,上海市革委会非常重视,规定"只能办好不能办坏",但是究竟什么是"好"、什么是"坏",能说得清吗?如果被认为是办"好"了,是工、军宣队坚持革命路线的结果;如果被认为办"错"了、办"坏"了,犯了所谓"方向性路线性错误",板子必然也只有打到我这个知识分子身上。老天,我干嘛那么傻?!

那两位工、军宣队员负责人想不通,认为让我进领导班子是抬举了我,是对我的信任,别人连想进"五七文科"都进不了,而我却不愿当头头,真是怪事!他们找我谈话,劝我,甚至透露出这么一层意思:他们早晚要返回原单位去,而我作为全国复学重点试点的实际负责人,将来可谓前途无量!我十分感谢他们的美意,但我还是那几句话,当然不会说出自己的真实想法。他们觉得我推辞任职的两点理由(不配、不适合)都站不住脚,是不是有点"矫情"?所以他们又去请中文系原党总支副书记林毓霞来劝我。林毓霞在"文革"前曾兼任中文系教师党支部书记,我当过支部委员,彼此比较了解。她实际上知道或者猜也猜得出我拒绝进领导班子的真实想法,但她也不说破,只是例行公事地跟我敷衍几句,然后又马马虎虎向工、军宣队交代了事。工、军宣队领导见我执意不肯干,便问我谁来干合适,我便推荐了产业工人出身、作风正派的颜应伯同志,并强调他比我更合适。领导同意了,于是我便和大家一样,做个普通的教师,认认真真地搞我们的教学。

第二年暑假前,突然听说上海市委徐景贤、朱永嘉等人有"批示",说"五七文科"犯了方向性错误,只重业务,忽视思想教育,被资产阶级知识分子专了政!(大意)我听了忍不住哈哈大笑,笑得落下眼泪,连说"真有意思"、"真好白相"!一是欢乐的笑,庆幸我没有参加"五七文科"的领导班子,否则那个"专了政"的"资产阶级知识分子"不是我还有谁?二是欣慰的笑,因为我推荐了颜应伯同志当教师代表,他原是产业工人,按照当时的理论和逻辑,工人阶级是伟大的,所以工人都是革命的,即使犯了错误也是可以谅解的,所以"批示"下达以后,没有在"五七文科"掀起大批判的浪潮和重演批斗的丑剧。三是冷笑。"批示"说我们"忽视思想教育",这真是滑稽,连起码的逻辑都不顾了。既然说我们是"资产阶级知识分子",我们又怎能去"教育"那些工农兵学员?如果去教育了,岂不是又要扣上"以资产阶级思想腐蚀工农兵"了吗?"批示"说我们"只重业务",这真是胡扯。"五七文科"办了快1年时间,一会儿下厂,一会儿下乡,还要参与这样那样的斗争,能上几节课,能读多少书?就以我开的"文艺理论"课(当时定为重点课)来说,一年来只上了4次课,我原来准备给学员讲中国古典文学理论或者马克思恩格斯的文艺论著,可是这些学员只有初中、甚至小学的文化程度,难以听懂;"文革"前的教材早已被批为"修正主义的毒草",当然不能讲;而流行的一些所谓"理论",诸如"黑线专政论"、"阶级斗争工具论"、"题材决定论"、"创作方法唯一论",还有什么"'三突出'是普遍规律"等谬论,我又不屑于讲。我只好讲"毛泽东文艺思想",集中分析《在延安文艺座谈会上的讲话》,实际上就是指导学员阅读这篇文章,解释其中的一些主要观点和一些史实。但在联系文艺发展、文艺创作实际时又有困难,因为中外古典文学名著和现当代重要作家作品都被定为"封资修",都不能讲,如果把那些经典作品当作"反面教材"横加批判,我又说不出口,良心上也过不去。我只好分析几首毛泽东诗词和几篇鲁迅的小说,还有就是从毛主席曾推荐过的《红楼梦》中选一两个故事说一说,实在是有限得很。当我正在为讲课太少而感到不安和对学员深感抱歉时,上海市委的"批示"却说我们"只重业务",这岂不是天大的笑话!听到这种"批示",我并不气恼,因为我早已断定这伙人只是一群不会建设、只会破坏的"乱党",是一群不讲道理、只会乱扣帽子、乱打棍子的"文痞",跟他们是没有什么可言的。

从农业大学到鲁迅纪念馆

1972年夏天,复旦大学开始正式招收工农兵学员。中文系党总支认为我以前既有教学和组织教学的经验,又在"五七文科"经受过"锻炼",有了

"无产阶级教育"的新经验,便把我从"五七文科"要了回来,并让我以教师代表的身份参加中文系领导班子负责全系的教学工作。党总支书记庄师傅说得很诚恳,说我们工人是大老粗,不会管教学,还得依靠你们。对于他的坦诚、信任,我很感动,也很感激。但是出于同样的原因,我咬咬牙仍然谢绝了!我还无意间感觉到系里那位已经开始安排教学工作的万老师,见我回来了显得有些紧张,我想我何必去挡住别人的路,和他争那个位子呢?所以我也很诚恳地对庄师傅说:"老万不是工作得很到位嘛,我也未必比他做得好,还是让我做个普通教师吧!"并且和庄师傅商量:"我想做一个试验,改变一下师生的关系,不是学生围着老师转,而是老师以学生为中心,为学生服务。请总支能支持我!"他听我如此一说,便欣然同意了。

9月开学以后,我便为新生开设"文学概论"课,除了讲课和在课前、课后与学员们交流外,还每周都到学员宿舍去参加他们的政治学习,和他们一起讨论理论问题,辅导他们写作读书札记或小论文,一改以往挟着讲义进教室、下课铃一响又挟着讲义回家转的状况。第二年春天,我带领这个年级的学员到金山县山阳公社去"学农"。其时山阳公社已经自办一所"农业大学",我们正好借他们的教室上课。对于这所"农业大学",报纸上曾经多次介绍过,说是农民办大学,是新生事物,是全国第一家。还说这个创举打破了资产阶级教授对高等教育的垄断,将培养出无数农民自己的无产阶级农业专家。我们到这里来"学农",可以说是奔着它的名声而来的。我们到了那里才知道,这种宣传不仅有很大的水分,而且是出于可鄙的政治目的。这所"农业大学"只有两间教室,而且是原来小学的教室。我们只见到十多个学生,已经好长时间不上课了,只有两位农业方面被学生称为"半瓶醋"的非专职教师。比较受学生欢迎的是临时邀请的有经验的老农来传授一些农业技术。这所大学的领导(即公社的一名干部)非常欢迎我们到这里来"学农",特别邀请我为他们农业大学的学生上课。上什么课呢?他说"文化课"、"文学课"、"理论课"、"时政课"、"政治课"、"农业政策课"什么都行,随便开什么课,他们都要听!我想我们是借贵方宝地来办学的,对于他们的盛情邀请,我当然不好推辞。同时,我也乐意于为青年农民上课,因为我也是农民家庭出身,小时候曾在扬州乡下断断续续读过私塾,现在为新农民上课,我义不容辞。

于是,我既要为中文系学生上课,又要为农业大学学生上文学知识与艺术鉴赏课,讲的是不同的内容,每次讲课都要重新准备,而乡间又没什么资料,所以备课十分费劲,熬夜已是家常便饭。更糟糕的是,那时山阳公社的生产情况并不好,农民的生活水平也不高。我们复旦师生到了那里,要与农民同吃同住,同甘共苦,没有自办食堂,就在生产大队食堂搭伙,每天除了吃一顿饭、两顿粥外,每人只有小半茶杯蔬菜或咸菜。对此,我并不嫌苦,12年前我在青浦县参加整顿"三类队"工作时连蔬菜、咸菜都吃不到,连吃了3个月的炒盐,还不是挺过来了!可是这一次我却熬不过去了!

该年5月,中文系通知我们师生轮流回校参加体格检查,我体检后又回到农业大学来上课。过了一个星期,有两位学生干部回校参加体检后回到大队,对我说:"邱老师,党总支请你回去一下。"我问什么事,他们说大概是开会,并催我立即动身。让我感到奇怪的是,这两位学生干部刚从学校回来,为什么又和我一起回去?而且每到上下车时他们还扶着我。我逼问他俩在搞什么鬼,他们只是神秘地笑,说到了学校就知道了。当我们快到复旦校园时,他俩才告诉我:"你在体检中查出急性肝炎,总支怕你紧张,所以才让我们对你说是开会。"我听了确实有点紧张,但更担心我住院治疗起码要两三个星期,山阳公社那里的两种课程教学怎么办?他们说系里已安排其他老师去上课,让我安心治疗。我在复旦医务室治疗了3个星期,当我逐渐康复以后,师生们已从山阳公社回来,我在农业大学的课程也就不了了之了。

1973年秋,已关闭多年的上海鲁迅纪念馆准备复馆,到复旦中文系来请有关专家去帮他们设计和草拟图片、实物的说明。系领导就让我带20多个学生去实习。我们到达虹口公园的鲁迅纪念馆时,那座绍兴风味的建筑空空荡荡,原展品都堆放在积满灰尘的仓库里,一时还难以展出。我便组织学生先读鲁迅著作和一些能借到的中国现代文学史之类的著作,并要他们每人都写读书心得。我除了对他们做些辅导报告外,主要工作是和纪念馆的工作人员一起设计、讨论展览方案。我十分崇敬鲁迅先生,曾不止一遍读过《鲁迅全集》,也读过一些研究鲁迅的著作。在参与编写和统稿《中国现代文学史》的 30 年代文学时,其中就有一章专论鲁迅。但我不是研究鲁迅的专家,在许多史实的细微处还缺少主见,更缺乏新见,同时还受到当时"左"的思潮的影响,所以在展出方案中,除了注重介绍鲁迅生平和鲁迅小说、杂文、诗词等著作外,还特别加强了鲁迅从进化论到阶级论、从民族主义者到共产主义者转变的阐释;在叙述鲁迅和帝国主义、军阀政府、国民党反动派斗争的同时,又把他和"自由人"、"第三种人"的争论描述为与阶级调和派之间的斗争;尤其是突出了鲁迅与"四条汉子"的分歧以及在"两个口号之争"中的这"两条路线"的原则斗争,以显示鲁迅阶级斗争、路线斗争的精神。这显然有"左"的倾向,其时正值全国掀起"学习鲁迅,防修反修"运动,实以学习鲁迅为借口,强化阶级斗争、路线斗争的极"左"思潮再度泛滥的时刻,我虽然憎恨"文革"和"文革"中一系列不可思议的倒行逆施,但对那时有些似是而非的理论、观点、思潮,尤其不属于我专攻学科的理论,仍然缺乏足够的辨识力、批判力,在这场运动中就有所表现。例如,为了让学生得到锻炼,我们组织学生每人写"学习鲁迅精神"的论文,经我们教师指导、修改后,便带他们到工厂、学校去宣讲。每次都先由一两位学生演讲,我再做补充、归纳和回答听众提出的问题。我们前后去讲过 4 次,每次听众少则数十人,多则数百人。应该说我们在宣传鲁迅精神、鲁迅品格方面确实做了一些有益的工作,也产生了一些积极的影响,同时也锻炼了学生。但是其中也掺杂了一些"左"的东西,例如,过分渲染鲁迅在"路线斗争"中的作用,冲淡了他与帝国主义、反动派所作的殊死的斗争;片面强调作为"革命家"的鲁迅,忽视他是一位伟大的思想家、文学家;片面强调鲁迅的"横眉冷对千夫指"的斗争精神,忽视了他"俯首甘为孺子牛"的伟大情怀……这是很遗憾,也是应该引以为训的。这里似乎暴露出观点与立场之间可能发生的矛盾,我对"文革"和那些极左的谬论,无论立场还是观点,都是坚决反对和抵制的,但对一些流行的自己没有深究的"左"的观点,却可能缺乏应有的判断力。所以,我要学习,学习,再学习!

在"常锋"组里藏锋

  自从学校招收工农兵学员后,我们在中文系和外文系都开设了"文学概论"课,但都苦于没有教材。"文革"前由叶以群主编的《文学的基本原理》早已被扣上"修正主义"的帽子,有的教师便自编讲义,但又不系统,还怕触犯当时的"戒律"。1974年秋,我已担任文艺理论教研组组长,有次召开研究教学内容、方法的教研组会议,有教师问我:"我们上课按马恩列斯的观点讲,还是按现在流行的观点讲,要不要讲"题材决定论"、"三突出"之类的东西?"我一听就发了火,不禁脱口而出:"按马列主义文艺理论基本观点讲,让那些流行的狗屁理论见鬼去吧!"我的天!幸亏组里没有人去告密,否则我肯定要被打成"反革命",而且是"现行的"!

  没有合适的教材,教师难教,学生也难学,我便想和华东师范大学、上海师范学院中文系文艺理论教研组的朋友们合作,一起编一部新教材。我与系党总支副书记徐俊西(他原是我们教研组组长)商议,他很赞成,并想和我们一起编写。我便与华东师范大学的黄世瑜、楼昔勇,上海师范学院的王纪人、刘叔成联系,他们都很赞成。为了取得领导的支持,我还专门写了申请报告给复旦党委,并由党委上报上海市教育局,很快就获得批准。

  正当我们收集资料、分工合作,并请已被批判、搁置多年的蒋孔阳先生一起参加编写时,不料突然传来一个消息:上海市委写作班朱永嘉已下命令,立即解散我们的《文学概论》教材编写组,由他们另行成立一个编写组。听到这个消息,我们真是火冒三丈,还有点被拦路强盗抢了的痛楚。但是胳膊拧不过大腿,连复旦党委都已无条件服从,我们还能说什么?

  不久后,我们接到一个通知,要我和本教研组的刘崇义同志到康平路100号上海市委写作班去开会。我猜想大概是要成立新的教材编写组,倒要去看看是些什么人。我走进一个不大的会议室,里面已坐了十来个人,我大多认识,有上海师院的,有上海市作家协会原研究室的,共8个人,外加华东师大的3位工农兵研究生。我们刚坐定,市委写作班负责人朱永嘉便宣布成立教材编写组,任命了组长和副组长,我是两个副组长之一。规定这个组的任务是:①写战斗文章;②编写简易的文艺理论教材;③组织学习马列著作。我一听就明白了,我们的教材组被"收编"了,现在已成为上海市委写作班的外围组织,我们的主要任务实际上就是"写战斗文章",即大批判。我正在咀嚼朱永嘉讲话的真实含义并准备对策,朱永嘉突然问我:"邱明正,现在蒋孔阳在干什么?"我如实报告:"我们原先准备自编教材,与师大、师院合作,请蒋先生一起编些古今中外学习资料。""什么,你还让蒋孔阳写教材?"我说:"不是写教材,是编资料。"他倏地站了起来:"蒋孔阳是什么人,难道你还不知道?他是全国有名的修正主义者,你让他用修正主义来害学生呀!"我有点生气,顶撞了一句:"他已经好多年不写东西、不搞教学,总该让他做些工作嘛!"朱永嘉斩钉截铁地甚至有点急吼吼地大叫:"不行!什么也不能让他做!以后你再重用他,我找你是问!"我的牛性子也发起来,一是为了蒋先生,为了我们这些知识分子的命运,二是为了我们的教材组被强行拆散,正想再回敬他几句,坐在我旁边的刘崇义拉了拉我的衣角,意思是叫我别说了,正好此时有人进来与朱永嘉讲话,大概在请示什么,我只好把话咽回去了。

第二天回到学校后,我就和徐俊西商量怎么跟蒋先生说。我们都认为不要把康平路发生的事情告诉蒋先生,否则又会增加他的压力。其时我们知道蒋先生正在研究先秦音乐美学,便对他说我们自编教材的事情已经被腰斩,你还是继续研究中国古典美学吧。他并不知道内情,便高高兴兴地回去了,我望着他渐行渐远的背影,不由一阵心酸和愤懑!

我们进驻华东师大后,第一天就进行分工,首先是3位组长分工。对此,我已事先考虑了对策,那天到康平路开会后,我就想到有些人看我进了当时红得发紫的上海市委写作班或它的外围组织,是求之不得的大好事,以为有了靠山会受到重用,至少可以发表文章、获取名利,甚至可以从此飞黄腾达。在我看来,却是走上一条充满荆棘的道路,稍不留神,过于积极,将来总有一天会身败名裂甚至死无葬身之地!因为我早已断定,"文化大革命"伤天害理,倒行逆施,兔子尾巴长不了!我曾对人说:"上海的柏油马路是长不出庄稼来的!"他们未必听懂我的意思,我是说如果江青一伙得势,国家可能分裂,上海必将处于四面楚歌的境地。更准确地说,江青、张春桥、姚文元、王洪文、徐景贤、朱永嘉等人控制的上海必将遭到灭顶之灾。所以我决定同朱永嘉之流,要疏远、疏远、再疏远。现在我被召进他们的外围组织,是身不由己的事情,如果公开对抗,就只能像几年前我的好朋友吴维国那样走上绝路——自杀了!但是到了该组织内如何提防、如何洁身自好,还是可以找到一点自处的空间的。在朱永嘉给我们这些人的3个任务中,所谓"写战斗文章",就是秉承他们的旨意,写些歪曲历史、不顾事实、不讲道理、乱扣帽子、乱打棍子的"大批判"文章。想想1958年我曾参与"批判资产阶级学术思想"的运动,写了些简单化、片面化的偏激文章,现在难道还要变本加厉去写那些充满杀气的政治批判的东西吗?难道不仅自己要写,还要以副组长的身份组织他人去写吗?这不是明知故犯,卖身投靠,充当杀手吗?不干,坚决不干,否则我将后悔一辈子,咒骂自己一辈子!

至于第二个任务"编写文艺理论教材",这倒是我非常想写,而且曾想和朋友们合作写的。但是现在由市委写作班来组织编写,那就完全是另外一回事了。难道江青搞的《林彪委托江青召开的部队文艺座谈会纪要》中散布的那些荒唐观点,以及现在流行的一些胡说八道的谬论,就可以编成大学文艺理论教材,并以此去蒙混青年学生吗?不干,我坚决不干!那么,我干什么呢?不是还有第三个任务"学习马列"吗?我明知这是他们用来蒙人的幌子,我何不用来作为保护自己的挡箭牌?所以那天讨论组长分工时,我抢先表态:"我的阶级斗争、路线斗争觉悟不高(此话已成为我屡次推卸职务的口头禅,明白人知道这是一种反讽),政治不敏感,不适合组织写战斗文章;我从事文艺理论教学已多年,脑子里充满条条框框,对当前盛行的新理论感悟性不强,也不适合组织写文艺理论教材;我的马列主义理论水平不高,很想趁此机会读点马列著作,我就当个学习马列著作的小组长吧!"刘崇义和我是多年的同学、同事、朋友,他知道我的心情和说这些话的实际思想。我话音一落,他马上表示同意,其他人也就没有异议,就这么定下来了。我们原计划每周学1次马列著作,可能是由于我这个"组长"的"懒政",实际上是一个月学2次或1次。我和大家商议后,决定重读《共产党宣言》和《费尔巴哈与古典哲学的终结》,先由我提出要领和引发思考的问题,然后大家讨论。这可以说是我在这个组近一年里所做的唯一工作和取得的唯一收获。

组里每个人也做了分工。当有人写出"战斗文章"时如何署名呢?大家都认为就像写作班"丁学雷"、"石一歌"一样,取个集体的名字。由于我们的驻地靠近长风公园,便起了个谐音又表示长露锋芒的名字——"常锋"。我表示赞成这个名字,心中却取其谐音的"藏锋",决定藏匿锋芒,不写一字。在那将近一年的时间里,由于我未写文章,也记不清楚"常锋"组写了多少和什么样的文章,只记得在写一篇批判文章时曾引起大家的牢骚。那时意大利著名电影导演安东·尼奥尼曾来华拍过一部纪录片,片名就叫《中国》,市委写作班和他们的上司张春桥、姚文元等人认为这是一部辱华电影,叫"常锋"组写文章批判,却不让组员看这部电影,说是"防扩散",只发给一份仅两页纸的电影片断介绍,如电影里说上海外滩还是几十年前的样子,有个镜头是一个渔民站在小渔船上向江中撒尿,便认为这是否定新中国建设的伟大成就,是污辱伟大的中国人民。不看作品,怎么批判,大家都有意见,我也忍不住说了一句:"其实许多大批判文章就是这样捕风捉影、无限上纲写出来的。"但是上司下达的命令,不想写也得写!我已记不清楚是谁勉强写了一篇。

我除了组织学习马列著作,还自告奋勇指导华东师大的3位研究生读书、写作。他们原是复旦"五七本科"的工农兵学员,我在那里教过书,和他们比较熟悉。当他们也参与写"战斗文章"时,我只谈有关历史资料和写作方法上的问题,绝不提供什么观点,当然更不署名。所以,我在这个以写"战斗文章"为主要任务的"常锋"组近一年时间,竟严严实实地"藏锋",没有写过一篇文章!我后来想想都觉得不可思议,这近一年的日子是怎么混过来的!

我在"常锋"组里无事可做,更不想做什么。1975年10月,我第二次到康平路市委写作班去参加一个会议时,便撒了一个"谎",对朱永嘉说:"复旦中文系希望我回去工作,我想还是回去吧。"大概朱永嘉认为我很不得力,便同意了。其实,中文系并没有也不会甚至不敢向市委写作班要我回去,因为工宣队认为我进写作班是"高升",而本系有人进写作班是沟通了本单位与上级领导的联系,怎么可以随便回来?!

我进"常锋"组和走出"常锋"组也有一个遗憾,或者说是怨恨。我们原先组织编写组的目的是为了编写文艺理论教材,是为了教学,是为了学生,可是我们的编写组却被强令拆散。"常锋"组里有几个人原先也是我们编写组的骨干,都是业务能力很强的中年教师,可是到了"常锋"组,由于行动自由、思想自由受到严重的束缚,并且受到当时流行的那些荒唐理论的影响,虽然写了一本薄薄的教材,却没有哪一所学校愿意采用。它刚出世就夭亡了,害得我们仍然没有教材!至于我自己,既然"藏锋",当然什么也没有写,竟然是两手空空,很不好意思地回到了中文系。

与外国人谈学术

1975年10月,我回校才几天,就接到一个新任务:给外国留学生上课。20世纪70年代,为了扩大对外文化交流,有几所高校招收了外国留学生来华学习,复旦也成立了"留学生办公室"("对外文化交流学院"的前身),陆续招了几批留学生。我教的学生都是来自"第二世界"英、法、意、日等国,先后教了两期,每期十多人。他们在北京或台湾学过汉语,能听懂汉语并能简单对话。我教的是"文艺理论专题"。我深知教这些留学生文艺理论是很难的,他们很难接受我们的文艺观、价值观和文艺政策。于是我确定了4个原则:①要讲清我们最基本的文艺观,不强求全面系统,更不要强制灌输,只要让他们知道一些基本观点即可;②少讲文艺与政治的关系,如"工农兵方向"、"文艺从属于政治"、"为政治服务"等,多讲一些文艺与社会生活的关系,如"社会生活是创作源泉"、"文艺随社会生活的发展而发展"、"文艺的社会功能"等;③少讲抽象的理论,多联系文艺创作、批评、鉴赏实际,多举一些他们比较熟悉的作家、作品例子;④避免"满堂灌",我作些启发性的讲解,提一些他们有兴趣的问题,引导他们展开讨论。但是即使这样,还是难以如愿。首先,他们不愿讨论,不说他们自己的要求、愿望、观点,更不愿相互争论,只让我唱"独角戏"。其次,当我讲到一些基本概念,如形象思维、典型形象、典型化等,他们就问这是什么意思。我必须联系作家的创作实践和某些作品、艺术形象加以详细解释,往往一两节课只能解释一两个概念,使教学内容程序完全打乱,有些内容不得不省略。再次,也是最重要、最难应付的是,我讲到一些基本观点,他们常常立即发表异议或反对,或提出许多问题让我回答。例如,有一次我偶尔提到我国的文艺方向是为工农兵服务,并且特别强调这仅是"我国的"、"现行的"文艺方向,而不是普遍的、永久的文艺方向。他们立即问:知识分子写的文艺作品为什么不能为知识分子服务?不为外国人服务?知识分子、外国人不是服务对象,如果他们欣赏了你们的文艺作品,是否犯法?又如,我讲到作家要深入生活,他们便问作家为什么非要深入工农兵的生活?他们自己的生活不是生活吗?作家写自己的心理、感情,为什么要先去深入别人的生活,写别人的生活?曹雪芹、鲁迅深入工农兵生活了吗?再如,我讲到文艺批评的两个标准和态度、方法,他们就问什么是政治标准?是不是按照政府的政策、指令、观点写作,就是符合政治标准?我说开展文艺批评要以理服人,他们就问为什么你们报纸上的批评文章老是打……(有人插话"打乒乓",引起哄堂大笑)棍子?为什么看不到艺术分析的文章?……几乎每次上课就像开记者招待会,他们问个不停,实际上是不赞成、不同意,有时还加以嘲笑。从他们的态度来看,不像是嘲笑我,而是不赞同我们当时的文艺政策和某些文艺观。他们提出的有些问题却令我思考,不单是为了回答他们,而是反思我们的某些观念、观点和文艺政策是否合理、科学,是否符合实际。

在为留学生上课期间,留学生办公室为了丰富外国学生的生活,也为了让他们了解中国文化,常组织他们到剧场去看戏、听音乐。那时正是"8亿人只能看8个样板戏"的荒唐时代,剧目本来就很少,有些剧目如京剧,留学生未必看得懂,留学生办公室就让我们任课教师一起去看。我原以为让教师去辅导留学生观剧,是为了增强他们的理解能力,所以我就去了。有一次我听说是让教师"陪"留学生看戏,我们竟成了"陪客"!我非常反感,下次看戏就拒绝了。后来我向留学生办公室提意见,他们也认为原来的说法很不妥,就改为"请老师带学生去看戏"。这看上去好像是一字之差,其实不然,更不是为了"争面子",这里有个如何摆正"师生关系"和"主宾关系"的问题。作为中国教师,我们不能在外国人面前自己降格,自轻自贱!

从1975年秋到1976年夏,我在留学生办公室教学期间,校领导还让我接待了几次外宾。1975年10月下旬,复旦外事处通知我,说有3位英国的、2位美国的哲学教授要从北京到上海来,要求和上海的教授"座谈"一些问题。我问讨论什么问题,答曰"不知道,对方未明说"。我问为何不请哲学系教师接待,反而让我去,外事干部笑而不答。再问有哪些人参与接待,答曰"除外事工作人员外,专家就你一个人!"我两手一摊,糟了,连准备一下都无从进行!

那天下午一点半,我到物理楼外宾接待室等候。不一会儿开来几辆小轿车,除了5位中老年的外国人外,还有4位北京的、上海的、本校的外事工作人员和译员,加上我共10人。我致欢迎辞以后,一位教授就说:"我们从北京到上海来,昨天经过苏州,参观了苏州的园林。我们知道这些园林是士大夫阶级建造的,他们当然认为这些园林是美好的;我们看到许多工人模样的人也在游览,他们一定也认为是美的;我们这几个人,按照你们的说法是资产阶级教授(说着,他们5个人都笑了,我也耸耸肩,陪上一笑),也认为这些园林很美。请问不同阶级是不是有共同的审美对象、审美标准?"翻译刚译完,那几位外事人员便紧张起来,都定定地瞅着我。我也有些感到棘手。这虽然不是政治问题,但也不是哲学的、美学的、艺术的纯学术问题,而是直接关系到我国当前的理论基础——阶级斗争论问题。但我不能把这种紧张不安的情绪袒露在外国人面前,便顺手从茶几上端起招待来宾香烟的小碟子,站起来向客人敬烟(当时有此习俗),然后自己点燃一支,猛吸一口,便故意问客人:"你们到了哪几个园林呀?""你们觉得网师园与拙政园有什么不同吗?"我敬烟和让翻译译成英语时,便抢时间赶紧思考,当他们一一回答并译成中文时,我已思考出一个大纲,便边讲边思考边补充,一口气讲了6点意见:"①这些园林是由封建士大夫和大商人出钱建造的,但是设计者和建造者却是园艺家和园艺工人,表现出高度的智慧和艺术才华,是劳动和劳动人民创造的美。②你们在园林里看到的是不直接表现思想的古代建筑,和没有思想感情的山石池鱼、花草树木,并没有看到园林里原有的诗画、对联之类表现思想情感的东西,这些东西在前几年就已经藏起来了。所以大家看到的都是无思想意识的东西,对这些东西可能有共同的感受。③不同时代和不同民族、国家的人,由于社会环境、文化传统、生活经验、欣赏习惯、艺术爱好的不同,他们对同一事物所获得的感受也不同,对有些事物甚至产生相反的看法。④参观这些园林的人可能都认为美,但每个人的审美能力、审美趣味、欣赏角度、产生的联想、想象和引起美感的性质、内容、程度是不同的,评价也会不同。⑤今天劳动人民喜爱这些园林,是欣赏其中的自然美、造园者聪明智慧的美,并不认同园林表现的封建意识和剥削阶级的思想感情。⑥所以,人们可能对自然美和事物形式美产生相对的、局部的、外在的共同美感,但是不存在完全相同的审美对象、审美标准和审美评价,而美感的差异性则是基本的、绝对的!"

当我讲完这些看法,已是下午4点多钟。这几位教授没有再提什么问题,也没有继续"座谈"。他们先是鼓掌表示感谢,后来又送了我一面小旗子,我顺手交给复旦的外事工作人员。当我送他们下楼时,一位外事接待人员悄悄对我说:"邱教授,这个问题太敏感、太难讲了,你回答得真好!"他称我为"教授",我差点笑出声来,复旦已有十多年不评职称,我那时还是一名"小童生"——助教。刚才向5位英、美教授和以前我接待的其他外宾乃至我任教的留学生介绍我时,都称我为"邱教授",我已多次被冒充为教授了!他们并非不知道我是助教,而是考虑到外交规格,总不能让一个助教去和外国教授座谈和给留学生讲课吧。他们屡屡让我冒充教授,我既觉得尴尬、脸红、可笑,又十分无奈!

我把客人送出物理楼,见车子渐去渐远,突然高举双手,仰天大笑:"我在胡说,我在糊弄人!"是的,我在偷换概念、强词夺理,但不是糊弄那几位哲学教授,他们最多只是认为这是我个人的观点而已。对此问题,本来就有各种不同的见解,我岂能糊弄得了他们!我是在糊弄坐在接待室里的那4位同胞，4个外事工作人员！我不能不糊弄他们啊！为什么当英美教授提出那个问题时，那4位工作人员感到紧张，我也感到棘手，要用敬烟和反问问题来争取思考的时间，就是因为这个问题不能正面回答啊！如果我说不同阶级有共同的审美对象、审美标准和审美感受，立即至少有两顶政治大帽子会扣到我的头上，一个是讲与封建阶级、资产阶级有共同的审美标准、审美评价，这是典型的"阶级调和论"、"地主资产阶级人性论"，是"反动的修正主义观点"；一个是"外事工作无小事"，和英美西方国家的资产阶级教授讲有共同的审美标准、审美感受，这是典型的"投降主义"，"在思想上和资产阶级建立统一战线"，"在政治上和帝国主义、资本主义讲'和平共处'"，"臭气相投"，非反动为何？我不怕这些外国人，但我怕这几位同胞，如果他们去告密，不，哪怕仅仅是汇报，我就得吃不了兜着走！我并不认为他们4个人是坏人，但是好人一汇报，我就成了"坏人"了！

  这次接待外宾，我蒙混别人，却蒙混不了自己。他们提出的问题引起我的深思。我给他们谈了一大套以后，他们鼓掌，这仅仅是外交礼节而已，哪里是真的"感谢"？但我倒要感谢他们，是他们的提问促使我思考这个问题。这个问题触及"阶级论"这个我们的立论基础问题，关系"天天讲、月月讲、年年讲"的阶级斗争问题。"文革"还在进行中，我无所作为，我不能把头送上去给他们斩！直到两年后的1978年，我才写了《试论"共同美"》一文，正面回答了这个问题。但这已是后话。

  还有一件接待外宾的事情让我感触颇深。那是1976年底，"四人帮"刚垮台后不久，美籍华人女作家於梨华到复旦来访问，校领导让我接待。我和她刚寒暄几句，她就又严肃又有点紧张地问我："邱先生，我可以问几个问题吗？"我说当然可以。她问："前些年是不是有人头戴纸扎的长长的帽子，胸口挂个牌子，在街上游行？"她是指戴高帽子游街。提到此事我就感到愤怒，恨恨地说："是的！"她又问："是不是有许多年轻人拿棍子敲打名胜古迹，还闯到别人家里去抄家烧书？"她是指红卫兵砸文物和抄家。想到这种事我就为年轻人被毒害而深深悲哀，只得低声地说："有！"她急得站了起来，大声地说："这也有呀！那么是不是有许多老教授被罚跪在领袖像前面请罪呀？"我已气得说不出话来,只是痛苦地点点头。她大叫一声"啊唷!"就跌坐在椅子上,一手拿手帕捂眼睛,一手拍打着椅子,痛哭起来。我也忍不住流下了热泪,都为我们中华民族蒙受如此奇耻大辱而悲恸!只听得她喃喃地说:"我在美国报纸上常常看到这种报道,我还不相信,还写文章反驳他们,说中国是个文明古国、礼仪之邦,绝对不可能发生这种事情。原来都是真的呀!"我们都沉默了。过了一会儿,她猛地站起来,恨恨地盯着我:"你们为什么不反抗?你说说,为什么不反抗?"我顿时觉得脸上火辣辣地发烫,紧闭着嘴唇,一声不吭。我默默地想:反抗?向谁反抗?怎么反抗?以前反抗国民党,面对的是警察、特务、刀枪,后面站着的是广大人民,那些革命先烈是人民的英雄;现在反抗,面对的却是愤怒的"革命群众"和口水、棍棒、羞辱,你却成了"反革命",成了人民的"敌人",单单口水就可以把你淹死!你的家属也跟你一起遭殃。我不是没有想到过反抗。我曾设想,如果有朝一日,我若遭到无理的批斗、羞辱,我就和我的朋友共产党员吴维国一样,以死对抗!所以我在"文革"中尽量不介入,冷眼旁观,静待其变。我不能不承认我的软弱,我没有像张志新等烈士那样大声疾呼、公开反抗,只是冷静地观察、分析、腹诽、诅咒,拒绝合作,不同流合污,不为虎作伥!不知道於梨华女士能不能理解我们的处境和心情,能不能原谅我的软弱!我们沉默了好一会儿,为了打破沉闷,我故意装作轻松的样子,对她说:"这些丢脸的事情已经过去了,已经一去不复返了!"她也回过神来:"希望以后永远不再有这种怪事!"是啊,是啊,希望不再有了,不复返了。

拒批周,痛悼周

1975年,江青、张春桥一伙又掀起"批林批孔批周公"的恶浪,报纸、电视、电台天天在批,真可谓妖雾弥漫、遮天蔽日。我们都很清楚,其矛头是对准我们敬爱的周总理的。那时总理已病重住院,危在旦夕。我们不仅意识到这是政治陷害,而且从道德上也认为这是一种极其卑劣的行为。复旦工、军宣队紧跟这股逆流,中文系也准备召开全系批判大会,指定我作大会主题发言,给我的题目是"学习鲁迅,批判折衷主义"。显然,这个题目不是工、军宣队能够提得出的,而是从"上面"来的。我深知江青、张春桥之流诬陷周恩来是"折衷主义者",是因为他在"文革"中讲过一些"左"的话,又支持邓小平等人的整顿,于是便以批判所谓"折衷主义"来从政治上、思想上打倒他,以便取而代之、篡党夺权。关于周恩来总理在"文革"中讲过一些"左"的言论,我充分理解,认定是不得不为,而且极其赞佩他高超的政治智慧和崇高的道德品质。一方面,他对"文革"也有一个认识过程,处在那种极"左"的氛围中,难免也会随着讲些"左"的言论,但是在处理国事、政事、军事以及日常事务中,他坚持原则,并没有被"左"的思潮所左右;另一方面,也是更重要的,他身为党政领导人之一,时时处于江青、张春桥之流的层层包围之中,还不得不耐着性子和这些人周旋,如果他不违心地讲些"左"的言论,他早就中枪、中箭,像刘少奇等人一样被打倒,就不能按原则处理国事,更不能暗中保护许多人,不仅政府要瘫痪,连国家的安全也毫无保障!他是为了党、为了国家、为了人民在那里苦苦支撑,鞠躬尽瘁,以致病入膏肓!我怎么可能追随江青、张春桥一伙去批判敬爱的周总理呢?但工、军宣传队要我发言,我不能不发,否则就是抗拒,就是"修正主义者",甚至是"反革命"!但是究竟怎么讲,讲些什么,却限制不了我。所以我私底下对徐俊西说:"发不发言,他们可以强制我,但我怎么说,就由不得他们了!"

11月某日下午,在可坐200多人的大教室里,召开了中文系全体师生员工和工、军宣队员大会,由我一人作主题发言。我讲了3个问题:一是讲折衷主义是个哲学概念,又是政治概念,指在学术论争或思想、政治斗争中把彼此不同、对立的观点,不分是非、不分主次、无原则地加以调和、折衷或模棱两可的立场、观点、方法。但不包括在特定环境下为了缓冲矛盾和蒙混对方的斗争策略。二是讲国际共产主义运动中某些所谓"中间派"、机会主义者调和马列主义与敌对思想的矛盾,以折衷主义冒充辩证法,举例讲恩格斯对杜林、列宁对机会主义者的批判。三是着重讲鲁迅对"第三种人"、"自由人"的批评,揭示他们在思想斗争、政治斗争中调和、折衷、"公允",而实际上是有意无意或在客观上帮助了敌人。其间我引用了鲁迅许多精彩、深刻的言论。但在近两个小时的发言中,我没有一句提及当前的"批林批孔批周公"运动,更没有一个字提及周恩来,也尽量不给人一丝一毫"影射"什么人的感觉。我已把这次批判发言演变成一场纯粹的哲学、历史、文学的学术报告!

我的发言刚结束,坐在听众第一排的中文系党总支书记、工宣队负责人庄师傅立即站起来向我伸出大拇指:"老邱,你今天的发言非常好!你看,今天到会的人没有一个中途退场的!"是否"非常好",庄师傅未必都能领会,令他高兴的是今天秩序很好,没有人中途退场。以前每到开批判斗争会、学习会,常常虎头蛇尾,中间大量"抽签"走人,有时开到一半,人已走得差不多了。这是群众对那种会议的抗议和蔑视!今天我在发言中,确实没有看到有人进进出出。这并不奇怪,也不是我讲得多么好,而是这几届工农兵学员进校后,几乎没有听过一场像样的学术报告。至于教师和有些工宣队员,他们早就厌倦了批判会,也愿意听听我的发言。

正当我和庄师傅说话时,突然有位《文汇报》的记者(他是中文系以前的毕业生)走上前来,对我说:"邱老师,你的发言很好,请把稿子给我,明天就可以见报。"我不假思索:"哦,对不起,我只是写了个大纲,没有成文,没法给你了。""请你尽快写好,我明天来拿!"我只是笑笑,不置可否。我刚走出会场,又被一位《解放日报》记者拦住,说:"我们是党报,请把稿子给我,明天肯定会发表!"我还是回答那句话,并表示歉意。第二天上午,又接到从北京打来的长途电话,也是要稿子,我推托说:"上海已有两家报社要这个稿子,很抱歉,不能给你们了。"电话里说:"我们是《光明日报》,是中央的报纸,无论如何要把稿子给我们。我们报社上海站的同志,马上就要到你那里了。"我说:"很抱歉,我的稿子还没有修改好。"电话里说:"你改好,立即给我们,马上就可以发表!"我心中暗笑:我的稿子在报告前即已写好,昨天晚上,我已把它撕得粉碎,扔进了垃圾桶!

稿子给你们?笑话!你当我是小孩子啊?!以为"马上见报"、"立即发表",就会让我受宠若惊、名利双收,恨不得向你们鞠 3 个躬、叩 3 个头啊!我在稿子上没有一字一句提及周总理,你们拿去后就可以在稿子上加油添醋，塞进攻击周总理的言词。你们的任务完成了，白纸黑字，我却成了攻击周总理的急先锋，成了江青一伙的打手，成了广大人民群众、知识分子心目中的败类，成了永远钉在耻辱柱上的罪人！我才没有那么傻！

早就听说总理病重，生命垂危。1976年1月8日，噩耗传来，我们敬爱的周总理逝世了！全国举哀，无数人悲痛不已，正像有位老工人所说："总理是累死的，气死的，被整死的！"各单位都纷纷自发举行追悼周总理的大会，往往哀乐未起，干部群众已是痛哭失声，我也泪如雨下，心中默念："总理啊，你安息吧！你活得太累、太难了！你带着未了的心愿走了，但你那心愿一定会实现！"我不禁想到：广大人民群众冒着风险悼念总理，充分证明周总理是人民的好总理，也表明了广大人民对江青、张春桥一伙的憎恨，人心向背，善恶美丑，一目了然。我又不禁忧从中来：总理走了，谁来接班？中国会不会大乱？如果江青、张春桥这伙人篡权，中国将出现什么样的情景？我觉得总理之死，人们不仅怀念、悲痛，而且还夹杂着担忧、恐惧，所以才会悲痛欲绝。北京举行大型追悼会那天，中央电视台电视直播，我所居住的里弄有一户人家有台小电视机，就搬到弄堂里让大家一起看电视直播。当追悼会开始时，我突然紧张起来：是谁致悼词？我身旁的一位邻居说："千万不要是张春桥呀！"话音未落，镜头一闪，麦克风前出现的是邓小平！"哦，是邓小平！"坐着、站着看电视的人都不约而同地欢呼起来，我也像一块石头落地一样，"哦，是邓小平！""你好啊，小平同志！"我的眼里噙着泪水。

周总理出殡的那一天，中央电视台有直播，十里长安街聚满臂戴黑纱、手举白花的千百万群众，男男女女，老老少少，军人百姓，目送灵车徐徐驶来，徐徐离去，渐行渐远，一个个都放声痛哭，整个北京城、全中国，都处于极度悲痛之中，我也泪水模糊了双眼！

四、奋发在新时期

狠批极左思潮

1976年初冬,传来"四人帮"被粉碎的消息,举国欢腾,锣鼓喧天,人们载歌载舞,举杯庆贺。有的人拎着一串三雄一雌的螃蟹走街串巷,咒骂这帮横行一时的丑类终于落得可耻的下场!我当然也欢欣鼓舞,兴奋不已,以前盼啊,盼啊,终于盼到了这一天,"文革"终于结束了!

曾有人问我:"你在'文革'中并未受到严重的打击,为何如此憎恨'文革'?"我说"是的"。在"文革"初期,许多教师被批斗,甚至被迫害致死,我却连一张揭发、批判我的大字报也未见到,造反派甚至还让我当什么革委会副主任;工、军宣传队进校后,不仅让我重上讲坛,还让我进"五七文科"和中文系的领导班子;"文革"后期,我还被拉进上海市"革委会"写作班,当了其外围组织的副组长……真可谓"逢凶化吉"、"官运亨通"呐!但我从来不欣赏"士为知己者死"的信条,认为那样很可能沦为权势者的鹰犬。在那妖雾弥漫的"文革"中,我没有忘记"要做明白人,只做正当事"的座右铭,保持清醒的头脑,没有随波逐流、助纣为虐,而是心怀异志、处处设防,所以才没有上了贼船、陷入污淖。我憎恨"文革",是因为"文革"十年,动乱十年,整垮了经济,搞乱了思想,毁坏了文化,污辱了人的尊严,扭曲了许多人的人性,坑害了几代人,是种彻头彻尾的反历史、反文化的祸国殃民的运动,让中华民族蒙受了极大的耻辱!

"四人帮"被粉碎后,尽管"两个凡是"的雾霾仍笼罩着中国上空,但人们长期被禁锢的思想终于逐渐获得解放,我也像摆脱了身上的枷锁,在我的躯体里仿佛焕发出旺盛的生命力。我无需躲闪而要奋发了,不再"藏锋"而要"亮锋"了!我要发出自己的声音,把颠倒了的是非、善恶、美丑重新摆正,要让人们和我自己吸取"文革"的教训,肃清"文革"的流毒,还要激发起在"文革"中犯错者的忏悔意识,更要让人们杜绝遗忘,不要好了伤疤忘了痛,而要永远铭记"文革"的荒唐,看清极左思潮的荒谬,不要再重蹈覆辙,成为历史的罪人!我除了在教学、科研、社会活动中和大家一起分析、批判"四人帮"的罪行和极左思潮的种种谬论外,又重新拿起笔来,在党的十一届三中全会召开前后,连续发表了几篇批判文章,还组织编写、出版了两套著作。

1977年5月中旬,《文汇报》约我写一篇纪念毛泽东《在延安文艺座谈会上的讲话》的文章。我觉得这是我"发声"的机会,要用纪念来批"左",所以立即写了篇《学习〈在延安文艺座谈会上的讲话〉》的论文,在5月23日纪念《讲话》发表35周年的那一天发表,但所用的通栏标题却改成"沿着工农兵方向胜利前进",倒像个大社论的题目,而我原拟的标题却成了副标题。这是报社根据我论文的意思改的,大概是以此代替社论,作为该社的主要纪念文章。在这篇长达半个多版的论文里,我仍沿用了"工农兵方向"这个提法(关于邓小平提出的"二为方向",是3年以后的1980年才正式确定的),除了讲述《讲话》的基本内容和意义外,主要批判"四人帮"一伙炮制的"空白"论和"创业期"论。"四人帮"及其御用文人,胡说自从巴黎公社以来的无产阶级文艺运动中,都没有解决文艺方向问题,是一片"空白",直到20世纪60年代江青染指文艺革命以后,才开始了无产阶级文艺的"创业期"。这一谬论不仅否定了1871年以来的国际无产阶级文艺运动,否定、歪曲了毛泽东提出的文艺方向,否定了1942年尤其是新中国成立以来无产阶级、社会主义文艺所取得的成就,而且以此压制、打击、迫害广大文艺工作者,为江青之流吹嘘加冕。我在此文中所说"胜利前进",既指在"文革"前中国现当代文艺披荆斩棘所取得的成绩,又指今后要摆脱极左思潮的束缚,创作更多崭新的社会主义文艺。这是我在"文革"结束后发表的第一篇论文,也是我十几年来发表的第一篇。

1977年底,《上海文学》杂志社约我写一篇批判江青等人1966年春在《林彪委托江青召开的部队文艺座谈会纪要》中提出的"文艺黑线专政"论。这个谬论不仅全盘否定了新中国成立以来的广大文艺工作者的文艺实践、文艺成就,而且对30年代同帝国主义、反动派作殊死斗争的左翼文艺也横加挞伐,胡说从30年代以来就有了一条"彻头彻尾"、"又粗又长"的"文艺黑线",是资产阶级文艺思想、修正主义文艺思想"专了无产阶级的政",鼓吹要重新建设以江青为"文艺旗手"的"新的无产阶级文艺",叫嚣要对"资产阶级(包括文艺家)实行全面的专政"!这一谬论是他们散布的种种谬论的核心观点。在"文革"中影响极大,也极坏,许多文艺家被打成"黑线头目"、"黑线人物",受到残酷的迫害,而其目的则是从文艺上打开缺口,为其在政治上篡党夺权作舆论准备,所以我写的那篇论文的题目就叫《"四人帮"篡党夺权的前奏曲——批"文艺黑线专政"论》,用毛泽东对"五四"新文化运动的积极评价和30年代以来的文艺实绩,狠驳了这一谬论。此文在《上海文学》1978年第1期发表,与前文所述《沿着工农兵方向胜利前进》一文一样,都是在党的十一届三中全会召开前较早揭批"四人帮"种种谬论的核心观点,所以产生了较大的影响,对当时解放思想、正本清源起了积极的作用。

1977年底,我在写上述论文的同时,《文汇报》又约我写一篇关于形象思维的文章。这本是个纯粹的理论问题,可是在"文革"前夕《红旗》杂志发表了郑季翘的一篇文章,不仅把形象思维说成是"唯心主义"的反对文艺家深入生活的错误观点,而且无限上纲,上升到政治高度,胡说此论反对毛泽东文艺思想,反对文艺的工农兵方向。于是我在《文汇报》1978年1月29日以半版篇幅发表了《形象思维理论是在斗争中发展起来的》一文,既驳斥了"四人帮"将此论诬为"文艺黑线"中的"反动理论"和"黑八论"之一的谬论,又列数了从《周礼》、《毛诗序》到陆机《文赋》、刘勰《文心雕龙》,从古希腊亚里士多德到意大利维科、德国黑格尔再到俄国别林斯基,以及我国现当代文艺家对于形象思维的论述和论争及其发展,探讨了形象思维的特征、过程及其同逻辑思维的关系,论证了形象思维是文艺创作、鉴赏的特殊的思维方式,是文艺创作、鉴赏的基本规律之一。这是一篇理论性较强的批判文章。

1979年4月,《上海文学》发表评论员文章《为文艺正名》,批判"四人帮"利用和歪曲"文艺是阶级斗争的工具"这个口号,曾引起广泛的讨论,对否定在文艺界浸淫已久的"工具论"和"从属论"("文艺从属于政治"论)发挥了积极的作用。此文将文艺与社会生活的关系上升到第一位,而不是再将文艺与政治的关系视为文艺的基本问题。我是很赞成这个观点的,但又觉得还缺了些什么,于是便主动写了篇《一个不精确的口号——评"文艺是阶级斗争的工具"说》,在《上海文学》1979年8月号上发表,指出这个口号的历史渊源,是"五四"以后一些左翼作家为了反对文艺脱离当时政治斗争而提出的,曾起过积极的作用,但这个口号本身是不科学的、不精确的,既不能概括文艺的性质、特征,又不能阐明文艺的社会功能和发展规律,更不能作为文艺的定义和口号,反而被"四人帮"所利用和加以绝对化,为他们所谓的"路线斗争"服务,成为打击文艺家的棍子,因此不应再提这样的口号。因为此文用辩证逻辑和历史分析的方法,层层剥离"工具"说,阐明文艺的性质、特征、功能和发展规律,所以受到较广泛的认同,曾被编入一些文集中。

就在撰写上述几篇批判性论文的同时,我作为复旦大学中文系文艺理论教研室主任,还组织室内同事开展建设性的工作,集体编著了两部都是上下册的理论著作。一部是《马克思、恩格斯、列宁、斯大林文艺论著选读》,都是从他们的《全集》或《选集》中选辑与文艺问题相关的论著。上册选辑马克思、恩格斯论著14篇,下册选辑列宁论著16篇、斯大林论著6篇。在每篇论著后面都写有较详细的"历史背景"介绍,对该篇"基本内容"的分析以及若干重要词语的注释。共计40万字,1977年由复旦大学印刷厂印制,作为教材发给学生。我们的目的是让学生读一些经典著作原著,学习一些经典的理论,即所谓"正本清源",肃清"左"的文艺思潮和"四人帮"散布的一些谬论的影响。其时,斯大林早已遭到赫鲁晓夫等人的批判,在国内和国外也有许多人将斯大林的著作排除在经典著作之外。我们认为不能"因人废言",

不应把文艺问题与政治问题等同或混淆起来。斯大林关于上层建筑与经济基础关系的论述,关于民族文化与无产阶级社会主义文化关系的论述,以及关于文艺批评态度、方法的论述等,仍具有理论价值和实践指导意义,所以选录了他的几篇论著。这部"选读"辑成和出版于1977年,其时正是文艺界、理论界开始清算"四人帮"散布的种种谬论的流毒,倡导、呼吁"回到经典中去"的时刻,此书正逢其时,而且是同类理论著作中起步、出版较早的一部。

我们集体编著的另一部书是《形象思维问题参考资料》。形象思维是作家、艺术家观察生活,捕捉生活形象,积累素材,展开联想、想象和情感活动,构思意象,创造艺术形象、意境,表达思想情感的特殊的思维方式,其深广度直接制约着审美感受和意象创造的深度,制约着审美判断、评价的性质以及艺术创造的真实性、典型性和生动性、丰富性。所以它是文艺理论中的一个基本命题。可是在"文革"中,形象思维却被打成"唯心主义"、"修正主义"的理论,以至许多年轻人竟不知道形象思维为何物。所以我们从1977年便开始编纂此书,分为两辑。第一辑收录中外当代文艺家对形象思维的论述和争鸣;第二辑收录中外古代、近代文艺家和理论家,关于"神思"、"想象"的论述,因其时尚无"形象思维"的概念。其中"中国部分"从《周易》《庄子》《礼记·乐记》到陆机、刘勰、司空图,再到王夫之、叶燮、王国维等,计55人的论述;"外国部分"从柏拉图、亚里士多德到维科、休谟,到歌德、黑格尔,再到别林斯基、普列汉诺夫,计53人的论述。两辑共计36万字,分别于1978年和1979年由上海文艺出版社出版,第一版就印了28 000册,是当时同类理论著作中印数较多的一部。

所以,在党的十一届三中全会召开前后的1977年至1979年,我撰写、发表了5篇论文(另有一篇后述),参与、组织编纂出版了两部集体著作。其共同宗旨和特点便是一以贯之的反"左"。经过"文革"十年浩劫,使我深感极左思潮不仅荒谬绝伦,而且虚伪阴险,是以最最"革命"的面孔推行其祸国殃民的政治路线,达到其篡党夺权的政治目的。对于个人来说,有的人秉持那些极左观念,可能是因为认识与实践脱节,思想超越客观的历史进程,或因知识浅陋，易受蛊惑，思想偏激，好走极端；而有的人则是蓄意地以最"革命"的姿态，依附于极左路线和"权势"，东砍西杀，踏着别人的尸体往上爬，博取个人非法的利益。这种极左思潮是种积聚已久、渗入肌肤的思想病毒，并不会随着"文革"的结束而立即消亡。

有两件事，我仍记忆犹新。一是1979年春天，上海市委紧随中央，也召开了"理论工作务虚会"，由市委副书记夏征农同志主持，在衡山宾馆举行，与会者60多人，都是老干部和老教授，我只能算是"小字辈"。会上除讨论如何实现四个现代化、如何解放思想坚持四项基本原则外，还着重揭发批判了"四人帮"的罪行，彻底否定了"文化大革命"，同时也批评了毛泽东晚年在"文革"中所犯的错误。此时从会外就有一种声音，说什么"文革"是为了防修反修，对"文革"要"一分为二"；还说批评毛泽东就是否定毛泽东、否定毛泽东思想。3天会议结束后，中文系让我传达会议情况，也有人认为此会有"反毛泽东的意味"。此时"文革"结束已经两年多，党的十一届三中全会已经召开，对这些问题已经有了科学的结论，但有些人对"左"的思潮仍藕断丝连。还有一件事，我也记忆犹新。1993年，我参加一个大型理论研讨会，鉴于"左"的思潮根深蒂固，时有出现，有的人甚至还像十多年前一样，仍然认为"左"是革命的，只是思想方法有些问题；同时，鉴于对极左思潮从政治、思想上加以批判已经比较多，而对"左"的思维特征论述较少，我便做了个《破除文艺批评中"左"的思维模式》的发言，列举和分析了几种沿袭已久、危害甚大的"左"的思维模式，诸如将一切文学艺术从属、等同于政治，又将政治等同于阶级斗争的思维模式；对于文艺问题所持的不是坚持马列主义、拥护党拥护社会主义，就是反对马列主义、反党反社会主义的"非此即彼"的思维模式；文艺批评中主观臆测、武断推导、以点概面、断章取义、无限上纲的思维模式；任意树敌，认为"凡是敌人的朋友就是我们的敌人，凡是敌人肯定的我们就要反对"的思维模式；以及"左比右好"、"宁左勿右"的思维模式等。不料我的发言刚结束，坐在主席台上的一个干部模样的人就阴阳怪气地诘问："难道现在还有这种'左'的思维模式吗？"我不假思索，立即回应："当然有！不仅文艺批评中有，在其他领域也有不同程度的表现，而且以后还会有!"本来我只是为了发个言,是有感而发,并没有考虑要发表,经他这么一问,我立即寄给了《文艺理论研究》杂志,并于该年发表了。

"试论'共同美'"

"文革"结束后,我常常苦苦思索一个问题:为什么会发生这个十年浩劫?人们在"文革"中为什么如此无情、无理、残酷斗争?除了某种特殊的政治原因和社会历史的原因外,是不是在思想观念尤其是天天讲、月月讲、年年讲的阶级斗争观念上出了什么问题?例如,究竟是生产资料的占有关系形成不同的阶级,还是人们思想观念上的差异、矛盾决定阶级的对立?为什么把阶级差异都引申为阶级对立、阶级对抗?连对抗了几十年的美国政府和中国都可以坐到一起,为什么阶级之间就只有斗争性而没有共同性?……我无意颠覆马克思主义的阶级斗争学说,但是中国这些年来的政治运动——"阶级斗争",显然是把阶级矛盾、阶级对立、阶级斗争绝对化、扩大化,乃至把思想上的分歧、工作方法上的差异都硬说成是阶级斗争,酿成了巨大的社会祸害。令我感到不安的是,直到 1977 年元旦那天,《人民日报》还在发表《学好文件抓好纲》的社论,仍在宣扬以阶级斗争为纲。那么,我就不能不思考,在社会主义社会的主要矛盾究竟是人民日益增长的物质文化需要同落后的生产力之间的矛盾,还是阶级矛盾、阶级斗争?我不是政治学家、社会学家,无力系统地阐释这些问题,但我可以从文艺学、美学角度讨论它。其时我正担任文艺理论教研室主任,同室蒋孔阳先生是美学家,但他正集中精力研究中国古代美学和德国古典美学,室内同事都各有任务,无人开设美学课,于是我便在继续教学、研究文艺理论的同时,开始美学研究。

研究美学从何着手呢?我回忆起 1975 年接待 5 位英美哲学教授时的情景,他们问我不同阶级有没有共同的审美对象、审美标准、审美评价?其时正是"四人帮"横行的时刻,我如果讲有"共同美",必然会被扣上"反动人性论"等政治帽子,我不得不以美感差异性掩盖共同性糊弄一番(此事前文已叙),但我经常思索这一问题,并和前述关于阶级观念的思考联系在一起。

现在"四人帮"虽已垮台,但"左"的思潮远未肃清,我应该将这两个既是理论问题又涉及政治的问题糅合在一起,作为讨伐极"左"思潮和"左倾"路线的一个"突破口"。1977年春,我开始搜集资料,酝酿提纲,1978年春写成初稿。1978年5月27日是复旦大学校庆日,我便报名在纪念会上做一个学术报告,题目是《试论"共同美"》。那时全校各系都在校门口贴出了校庆学术报告会的海报,在中文系的海报上就有我的这个报告。校庆那天下午,中文系报告会在可坐200人的图书馆西大厅举行。由于我的论题极其敏感,触及重大理论和政治问题,因此在我做报告时,大厅里不仅座无虚席,连门口和走廊里都站满了人,许多其他系的学生也来了。

我的报告分为3个层次:①论自然美不属于意识形态,艺术形式美不具有阶级性,又有相对独立性,所以不同阶级乃至对立阶级有共同的审美感受和审美评价,而艺术又有共同的规律——美的规律,对于那些没有直接表现阶级矛盾或政治倾向而艺术性较高的艺术作品,不同阶级也有共同的美感。②论艺术的内容美在特定条件下,不同阶级乃至对立阶级也有共同的审美标准、审美评价,是有同有异、同中有异、异中有同,而不是"非此即彼"。原因是不同阶级处于一个矛盾统一体中,既有矛盾性、斗争性,又有同一性、一致性。不同阶级乃至对立阶级在特定历史条件下,有共同的实践、经验、需求、利益,因而有相近或相同的价值观、审美观,对特定艺术内容美会产生共同的或相似的审美感受、审美评价。③分析"共同美"与文艺阶级性的关系,指出这是两个不同的概念、不同的范畴,既相互区别又相互联系。阶级性具有两重性,既相互对立,又有一致性,文艺的阶级性并不绝对排斥共同的审美标准、审美评价,而在共同的审美感受、审美评价中又渗透着阶级性。

我的这个报告受到与会者的赞同,此时《复旦学报》已停刊10年,正准备复刊。编辑王华良在听了我的报告后立即向我索稿。我心里明白,此时"两个凡是"正在风行,绝对化了的"阶级斗争论"依然禁锢着人们的头脑,而我的这个报告又正是与我们多年来的指导思想——绝对化了的阶级斗争论相悖甚或是发起挑战的,比起我这两年发表的批判极左思潮的那几篇文章,更是属于闯"禁区",若公开发表,风险极大,肯定要受到批判。但是我想,如果我们在学术上瞻前顾后,在重大理论问题上畏首畏尾,科学是难以进步的。现在"文革"虽已结束,政治气氛已不象1975年我与外宾避谈"共同美"时那么肃杀,但"左"的思潮仍然弥漫在人间,总得有人来冲一冲、闯一闯"禁区",即使受到批判、打击,我也甘愿承受!我相信科学、正义是不可战胜的!此时我又想到我的名字"明正",意指为人处世要光明正大,不可蝇营苟且。在"文革"中我将其引申为"要做明白人,只做正当事",时时告诫自己,在那浑浊的环境中,要保持清醒的头脑,不要随波逐流、损人利己、丧尽天良。现在我可以从事理论研究,面临一个为何研究、为谁研究的问题。经过一番思考,我又将自己的名字引申为"治学求明理,处事谋正道":做学问要从实际出发,要探究事由、事理,阐明科学的道理,让自己也让他人从混沌中省悟,无论是治学、工作,还是待人接物,都要永远走在正道上!我甚至还想到"左"害当道,国无宁日,如果极左思潮和政治路线继续笼罩中华大地,我们的国家,我们的党,是没有前途的,我个人受到批判乃至迫害,又算得了什么?所以我对稿子稍作一些修改、润饰后,就在同年《复旦学报》复刊号上发表了。

果然,此文发表后不久,上海市某领导部门就派人专程到复旦来对党委说:"你们复旦有个叫邱明正的,怎么讲对立阶级有'共同美',这不是地主资产阶级人性论吗?他还承认不承认阶级斗争学说?是不是应该组织批判?"复旦党委认为这是学术问题,不是政治问题,所以没有组织人写批判文章。此事是党委办公室主任王邦佐同志事后告诉我的。那天我路遇王邦佐,他故意吓唬我说:"老邱,告诉你一件事,你可不要紧张!"我问是什么事,他就告诉我上述这件事,我一听哈哈大笑:"他们要批就让他们批吧!事实上,上海的报纸已经发表批判我的文章了,我倒应该感谢他们!"上海某报确已发表了一篇和我"商榷"的文章,实际上是批判。据说外地也开始发表类似的文章。王华良很不服气,催我再写一篇"回敬"那些批判。我说:"不用急,我相信一定会有人赞同'共同美'的。"果不其然,就在《复旦学报》复刊号上发表《试论"共同美"》后不久,北方的《社会科学战线》第3期发表了克地、张锡坤的《美、美感和艺术美,不同阶级也有共同的美》一文,肯定了共同美的存在。此后,各地纷纷发表讨论共同美的文章,形成了一股十多年未见的学术讨论热潮,仅在1978年至1980年的3年之间,各地报刊就发表了40多篇讨论文章,此后仍陆陆续续有文章见诸报刊和论著。在讨论中,仍有反对共同美、坚持阶级对立论的,但大多数文章都支持共同美论,有的还从理论上加以深化,推动了美学、哲学等学科的发展。

我看到讨论已经展开,便于1981年初又写了篇《再论"共同美"》,在《复旦学报》该年第2期上发表。此文不再像《试论"共同美"》那样继续探讨美感的共同性,而是着重论述客观存在着共同的美,指出美有社会属性,又有自然属性、物质属性,而美的自然属性、物质属性是没有阶级性的,可以被不同阶级的人共同赞美;美的社会属性也不限于、不等于阶级性,许多没有鲜明阶级斗争的内容的社会事物的美,可以成为各个阶级共同赞美的对象。指出美是人的本质的对象化,而人的本质、本性客观地历史地存在着共同性,所以凡是形象地艺术地体现了人的本质的真正的美,不同阶级的人都会感受到它的美,而人们之所以都认为它美,就在于人性、人情有着共同性。这篇论文很可能是当时最早提出人性有共同性的文章之一。由于当时文艺界、学术界正在逐渐展开"人学"、"人性"的讨论,因此我在1981年提出和论证人性共同性时,倒未见有人反驳、批判。应该说这是一种时代的进步。

我的《试论"共同美"》是全国第一篇论述共同美的文章,其矛头是对准被绝对化、简单化的"阶级对立"论的,对于当时解放思想、活跃学术和推进"实事求是"的思想路线,起到了积极的作用,在文艺理论界、美学界曾经产生相当大的影响。1980年夏天,文艺界在庐山举行全国文艺理论研讨会,各地文艺理论批评家、美学家纷纷汇聚庐山。我在路上或会议上遇到许多闻名但未谋面的同行,当相互自我介绍时,只要我说出名字,便有人和我握手:"哦,《试论"共同美"》就是你写的!"或者有人介绍我是《试论"共同美"》一文的作者时,便有人惊喜地说:"喔,你就是写《试论"共同美"》的邱老师!"当时在一些学术动态和理论综述的著作里,凡是述及共同美问题,一般都会首先提到和介绍我的这两篇论文。

这件事给我几点启示：①并不是我的这两篇论文写得如何好，而是回答了人们所关注的问题，适应了时代的需要、科学发展的需要；②理论研究是科学事业，而搞科学不仅要摆事实、讲道理，而且要打破旧框框，要有所创新，要有新意；③理论工作者要"敢"字当头，不是"比大胆"，而是要从实际出发，敢为天下先，不怕孤立被批判，要敢于坚持真理。

从《美学讲座》到《审美心理学》

我从文艺理论研究转向文艺理论研究与美学研究并举以后，1979年便开始开设美学课。在20世纪五六十年代，美学界曾发生热烈的讨论，尤其对"美的本质"的争论更为引人注目，形成所谓的"主观派"、"客观派"、"主客观统一派"和"实践派"等学术流派。这种讨论当然是有益的，但往往陷入哲学的争论，而且比较玄秘，与审美实践、艺术创作存在较大的距离，而广大群众仍不明白美究竟是什么，以及如何欣赏美、创造美，曾被讥为"美学不美"！所以我在上美学课时，便不再老是在"主观"、"客观"这个已争论了几千年的问题上兜圈子，而是结合古今中外人们的审美实践、艺术创作等提出自己对美的本质、特征、历史发展以及美感的性质等问题的见解。同时，我认为美学实为"审美学"，是研究审美活动、审美感受、审美创造的科学，美是人在审美实践中发现和创造的产物。所以我在讲课中，无论是论述"美学"、"美育"、"美"、"美感"，还是论述"艺术美"，都从审美的视角展开，并且论述审美直觉、审美想象、审美情感等审美心理过程与特征，而在论述崇高、丑、悲剧性、喜剧性等美学范畴时，也是从审美范畴的角度加以阐述。此外，我还认为美学应当走出少数学者的书斋，成为大众能理解、运用的科学，所以我在讲课中力求讲清基本概念、基本观点，尽量多联系人们的审美活动、艺术鉴赏和艺术创作的实例。我发现这样讲课，学生比较有兴趣，能接受，而且易于激发他们的思考。经过几学期讲课，在每次讲课前后，我都对讲稿作了大幅度的修改、补充，到1986年终于完稿，近30万字，并于该年由江西人民出版社出版。由于我的书稿写得比较通晓易解,广泛联系实际,在共14讲中每一讲都有明确的主题,而且除了给复旦大学中文系、哲学系学生讲课外,还应邀到兄弟院校和图书馆等处做过讲座,因此经与出版社协商,将书稿定名为《美学讲座》。此书出版后便作为我的教材。据出版社介绍,有的高校也曾以此作为教材或参考资料。

在开设美学课的同时,我陆续发表了一些美学论文,使教学与研究相得益彰。有几件事值得一提。1981年,我在上海美学研究会的一次研讨会上,作了《谈谈美育》的发言,指出我国多年来关于教育方针常摇摆不定,有时提"德智体美全面发展",有时只提"德智体",认为三育已涵盖美育,无需另列美育。在"文革"中,美育更被说成是"资产阶级教育",被弃置十多年。我认为美育是培养正确的审美观点、健康的审美情趣和提高审美、创造美的能力的教育。无论中外,都有悠久的历史和优良的传统,应与德智体育既相互区别、相互独立,又相互联系、相互渗透、相辅相成,绝不能相互替代。美育有其特殊的内容、方法和功能、价值,是培育人才全面发展的一个极其重要的方面,所以呼吁应当着手美育研究,大力发展美育。此文可谓"文革"后较早明确肯定、论述美育和呼吁发展美育的论文之一。曾获上海社联"优秀学术成果奖"。

1985年,我参加了复旦大学新成立的"高校教育研究会",在其会刊上发表了《在单科教学中实现文理渗透——美学教学体会》一文。其时教育界正在探讨文科教学与理科教学如何相互结合、相互渗透,促进学科发展,完善学生的知识结构。我便为复旦理科学生和文科学生(中文系除外)共同开设了一门公共选修课——美学课,有近200人听课。在讲课中我除了探讨数学、生物、化学以及其他学科领域的美和美感以外,还着重引导学生鉴赏、分析中外经典艺术作品,并在课堂上放映幻灯片(其时尚无电影、多媒体等教学手段),在让学生欣赏艺术和思考科学美、技术美的过程中讲解美学的基本问题,探索"文理渗透"和美学、美育普及化、大众化的途径,受到了学生的欢迎。为此,我获得了复旦大学教学一等奖,次年又获二等奖。除研究美育外,我还于1981年发表了《略论艺术的真善美——中国古代美学思想学习札记》，系统梳理了中国古代美学思想家对艺术的真、善、美及其矛盾统一的论述，揭示了中国传统美学的民族特征。1984年又发表《论美与生活》一文，论证美在社会生活之中，生活何以是美的以及如何创造发展社会生活中的美。这两篇都是1万多字的长文，充实了美学课的教学内容。

从1983年开始，我的美学研究从注重审美学又开始进一步转向对审美心理的探究。这是我对人类科学发展新趋势的认识所做的判断和决定。我逐步意识到，在19世纪中叶前后，人类科学便开始从重于研究客体转向重于研究主体，研究人的实践、经验、心理和人的能动性、创造性。到20世纪，科学研究的领域、方法、手段更是发生了革命性的变革：研究客体与研究主体同时并举；研究宏观世界与研究微观世界双管齐下；对自然、社会的综合研究与分门别类的分工、分学科研究齐头并进；理论科学与应用科学日益结合；学科内部的分化与学科之间的融合并行不悖；在一级学科日益深化的同时，涌现出无以计数的二级学科、三级学科；无论是自然科学之间或社会科学之间，还是自然科学与社会科学之间，都相互渗透，互相汲纳，不断衍生出许多新的边缘学科、交叉学科，并且使各种传统科学也都具有不同程度的综合性、交叉性，那种亘古不变、自我封闭的学科已经不复存在……这种科学发展趋势促使我及时调整自己的研究方向和侧重点：从文艺理论研究、美学原理研究推进到审美心理研究，并且逐步立下一个目标：努力建设、发展现代的中国化的"审美心理学"！

在1983年前后，国内还没有一本稍有系统的审美心理学著作，连相关的论文也凤毛麟角。人们对这门新学科的称呼还很不一致，有的称"美学心理学"，有的称"心理学美学"，还有人把它称作"文艺心理学"。这种状况更激起我研究审美心理的热情，认为开辟新学科犹如在荒野中开辟新路，必须披荆斩棘。由于我认为美学的实质是审美学，所以把这门新学科称作"审美心理学"，认为它是研究人类、个体、个性审美，创造美的心理结构、心理状态和心理过程的本质、特征、规律的科学，是美学、文艺学与心理学、哲学、社会学、历史学乃至生理学等学科相结合的边缘学科、交叉学科。它既是美学、心理学的分支学科，又是一门有自身体系的新型的独立的学科。当我开始着手研究审美心理学时，由于当时还没有现成的参考资料，只能靠自己去摸索。主要方法是：①观察、分析人们以及内省自己在日常审美活动中的审美选择、情趣、感受、想象等审美心理活动；②体验、分享文艺作品中所描绘的各种细致入微的审美心理；③从中外美学、文艺学理论著作对审美心理现象所作的分析中，汲取养料；④学习、消化心理学、生理学、神经系统学等自然科学研究的成果。这种新的领域、新的视野，使我乐而忘返，沉浸其中许久。

经过搜集资料、仔细梳理和反复斟酌，我大致确立了《审美心理学》的体例，除"绪论"外，全书分为上下篇。上篇为"审美心理结构"，论述审美心理结构的建构、积淀与发展，以及我自拟的审美的对立原则、自立原则、和谐原则、平衡原则、补偿原则、自我实现原则等"审美心理法则"。下篇为"审美心理过程"，分别论述审美感觉、知觉、表象等审美直觉，审美联想想象通感、审美判断，审美知性、理性与意会，审美顿悟、灵感，审美情感、情绪，审美心理距离和移情，共鸣和逆反，审美意象的创造和中介功能以及审美意志行为等。当体例大致确立以后，我便开始撰写一些论文，如《审美心理剖析二题——"共鸣"、"通感"》《文艺欣赏的心理特征》《电影欣赏中的逆反心理》等十多篇。并于1984年开始开设"审美心理学"课，据知这是当时全国第一家开设的"审美心理学"课。当年《文汇报》专题报道复旦大学着力开设新学科课程时，曾将我开设的这门课作为新开设的新学科课程之一。

第一次开设此课是1984年的秋天，作为中文系高年级的选修课，学生反应热烈，但让我印象深刻、记忆犹新的则是第二次讲授此课。1985年下半年，我已主动辞去文艺理论教研室主任职务，但室里同志仍主张由我出面组织，以蒋孔阳先生和我的名义，办一期"全国美学助教进修班"，学员主要是来自各地高校的助教，也有部分新闻出版系统的记者、编辑，共80多人。除开设"美学"、"文艺理论"、"马列文论"等课外，我讲了整整1个学期的"审美心理学"课。由于当时国内还没有一本系统的审美心理学著作，更没有听说有哪一所大学开设过此课，学员们都觉得很陌生、很新鲜，学习十分认真。我每次在讲台上讲课时，常常看不到学员的脸，只看到黑压压的一片——他们都低着头在记笔记。只有当我有时讲到关键之处,语速略微快了一些,才有学员抬起头,举起手,请我讲得慢一些,或解释一些新概念、新术语。每次课间休息时,总有几位学员围上来问这问那,往往要到他们的班长来干涉,说让"邱老师休息一下,好不好?",我才能喘息一两分钟。下课以后,往往又有几位学员跟我一起走,提问题或谈他们的理解、感受,都说这门课是全新的课程、全新的学科,以前从未接触过,甚至没有听说过,听了课收获很大。有一天晚上,我到他们宿舍去看望他们,只见他们一个个都在对笔记,或三三两两在讨论我讲的某些概念、观点。我连忙对他们说:"你们不要对笔记,这太浪费时间了,还不如去看一些参考书,补充你们的笔记,还可以独立思考,形成自己的观点。"他们说:"这门课是新课、新学科,很难找到合适的参考书,只好对笔记、整理笔记。"有的说:"由于课堂上讲的许多概念、术语、观点、理论都是新的,我们常记不下来,也没全懂,所以要对笔记,要互相讨论、加深理解。"还有的说:"我们学了这门新课,回去讲课就要用的,所以必须记完整。"听了他们的话,我很感动,他们学习认真的态度,我至今仍难以忘怀。

◉ 1985年主持"全国美学助教进修班",结业时与部分学员合影

有一件事很有趣。几年以后,大概是 1991 年吧,我收到一封该班学员的信,说他在北方某高校任教,为了晋升副教授必须有专著,便把当年记的"审美心理学"课的笔记整理成一本十多万字的书出版了,现已升为副教授。为此,他特地来信向我报喜,并表示歉意! 我见信后,并没有丝毫的不悦,反而很高兴,觉得我的讲课还能发挥这样的作用,倒是没有想到过的。同时,又有点好笑,他的听课笔记出版了,而我的《审美心理学》专著却因向我索稿的北方某出版社内部发生变故,几经往返,尚未出版,成了"学生先,先生后"! 不过我并不因为他抢先发表了我的讲课内容而感到为难,也无所谓孰先孰后的问题,因为我对《审美心理学》书稿又做了几番修改、补充,1993 年由复旦大学出版社出版时,无论其规模还是观点、材料、体例,都比当年的讲课有了很大的发展。

我在国内率先开设了"审美心理学"课,1989 年,当我多次讲授、反复修改、补充,完成书稿时,国内已开始出现同类型的审美心理学或美学心理学著作,而到 1993 年,我的《审美心理学》出版时,国内已出版了几本同类型著作。但我仍自认为自己的这本 33 万字的专著,在体例上较为完整、系统,在若干专题上,提出了一些新的观点、理论。例如,提出"审美心理结构的建构说",认为审美心理结构是构成主客体审美关系的中间环节,是人对现实作出各种审美反应的心理基础,是客体美结构系统和主体审美实践结构系统内化的产物。为了突出审美主体对客体的反作用和审美创造对审美心理结构的建构、积淀、发展的决定作用,我还提出了审美心理结构的"双重双向建构"理论和 $S \rightleftharpoons (AT) \rightleftharpoons R \rightleftharpoons C_n \rightleftharpoons T_n$ 建构模式,借鉴和发展了瑞士著名心理学家皮亚杰的 $S \rightarrow (AT) \rightarrow R$ 公式。又如,提出"审美情感构成论",发展了中外不约而同的"7 种类型"说,将审美情感情绪分为对己、对物两个方面,各有邻近或对立的情绪 32 种类型,在每种情绪类型中又各有 5 个强度层次,发现人类在审美中呈现的基本情绪状态竟有 160 种之多! 而这些情绪又有变易性、转换性和叠合性、交叉性,从而论证了审美情感情绪的丰富性、无限性;并且指出审美情感是审美心理网络结构的网结点,是审美创造美的内驱力,居于审美心理活动的核心地位。再如,关于审美意象,指出审美意象是主体在审美创造活动中所把握的客体的"象"与自己的"意"交互作用、互相契合而形成的审美心象;并提出了"审美意象中介论",指出审美意象是审美由接受向创造飞跃的中间环节,从生活形象到艺术形象的过渡桥梁,联结美的创造者与欣赏者的心理纽带,发展了传统的"意象论"。此外,关于审美心理法则、审美错觉、审美联想、审美通感、审美意会、审美潜意识等,也有自己独到的见解,其中尤其是反复强调、突出了审美主体的能动作用和创造性,克服了审美心理的消极"反映论"。蒋孔阳先生曾为此书写"序",给予很高评价。出版社第一版就销售了4 000册,很快又推出第二版,这在当时也算是销售较多、较快的理论著作之一。

20世纪80年代中期,当我转向侧重研究美学和审美心理学以后,文艺理论研究和文学评论便相对削弱了,但是我并没有放弃"老本行"。1986年,我应邀参加徐中玉先生主编的《文学概论自学考试大纲》编撰工作,写了其中的两章,由华东师范大学出版社出版,这是供成年人自学文艺理论和参与资格考试使用的教材,发行量较大,也有较大影响。还是在1986年,我出席了中国文艺理论学会在上海举行的年会,在会上作了"支持青年人创造文艺理论新名词、新概念"的发言(后来整理成长篇论文《论文艺理论的纵向继承与横向联系》发表)。此时正值所谓"新名词大轰炸"时期,众多学术领域都出现了许多新名词、新概念,引起一些年长学者的疑虑。我在发言中则认为有些新名词、新概念是凭主观意念"生造"的,是经不起科学、实践和时间的检验的。但是,我们从事的文艺理论也确实名词、术语、概念太少。1978年,我曾参加《辞海》"文艺理论"学科修订工作,并任"统稿人",发现文艺理论术语条目只有200多条,真正有学术深度的不到100条,这种状况与这个重要学科实在太不相称。现在正是新知识大爆炸时代,有的人从中国古代和外国近现代文艺理论中引进一些有表现力、概括力、生命力的术语、名词、概念;有的人顺应现代科学相互联系、相互汲取、交叉互动的发展趋势,从其他相关学科中引进一些适合文艺理论的术语、名词、概念,并加以改造,我认为这种探索是可取的,对于丰富文艺理论和消除苏联文艺理论的消极影响,是很有帮助的。同时,我还着重指出创造新名词、新术语、新概念以及新观念的大多是青年人，他们思想敏锐，广泛接触新事物，吸收新知识，大胆革新创造，我们应当给予支持，而那些生造的名词、概念，自会在实践中被逐渐淘汰，无需担忧。我的发言受到了与会者的支持，并在此会上我被补选为中国文艺理论学会理事，直到2012年才因我年迈和久不参加该会活动而自然落选。

我与上海美学学会

1981年，上海成立了上海美学研究会（"美学学会"前身），蒋孔阳先生任会长，几位高校的老学者任副会长，周谷城、王元化等任顾问，我和几位同辈人任理事。

学会主要做了几件事，一是不定期召开学术研讨会，每年年终都举行年会，并编辑出版学会论文集，我的"谈谈美育"就是在1981年第一次学会论文集中发表的，还曾获上海市社联"优秀学术成果奖"。

二是与出版社合作，编辑出版专题论文集，如1981年编《中国古代美学艺术论文集》，我发表了《略论艺术的真善美——中国古代美学思想学习札记》，1984年编《美学十论》，我发表《论美与生活》，1992年编《当代中国美学新学派》，我发表《蒋孔阳审美心理学思想述评》，又获上海社联"优秀学术成果奖"。

三是编辑出版不定期的学会刊物《美学与艺术评论》，我任编委。我曾在此刊发表过两篇论文和一篇译文。两篇论文是《审美心理剖析二题——"共鸣"、"通感"》和《审美生理机制模式论》。这两篇都是1万字以上的长文，前一篇发表于1985年，此时我开始研究"审美心理学"不久，写此文是一种尝试。后一篇原是《审美心理学》中的一节，因运用心理学、神经系统学和生理学等自然科学研究的成果，自觉还不够成熟，1990年当《审美心理学》书稿完成时，便将此文抽了下来。经过几年修改、补充，才于1994年发表。我的那篇译文是译美国当代作家法雷尔的论文《文学上的关联》。我之所以翻译外国文论，一是觉得此文有新意，二是想通过翻译学术论文，复习和重新深化学习自己阔别多年的英文,提高我的外语水平。可惜因为工作繁忙,更因我的疏懒,竟没有坚持下去,这是一个很大的失误和教训。

四是编纂多种美学辞书。1980年,冯契先生倡导编纂《哲学大辞典》,蒋孔阳先生任副主编兼《美学卷》主编,我任全书和《美学卷》的编委。蒋先生组织美学学会多名会员撰稿,我协助他做些联络工作。1984年收齐了各位撰稿人的初稿,按理应由两位副主编审稿、修改,然后由主编定稿。不料两位副主编中一位并非美学专家,另一位连他自己写的美学释文都难以"过关"。蒋先生无奈,只得委托我来审稿。对于老师的信任与委托,我当然义不容辞,马上投入审稿工作,将有些还嫌粗糙或不合辞书规范的书稿退还给原作者,请他们修改、提高。两年以后,修改稿都已汇集到上海辞书出版社。蒋先生又让我来统稿。我很犹豫,怕越俎代庖、招人非议,便对蒋先生说:"还是请两位副主编统稿吧,更名正言顺些。"蒋先生苦笑,没有评论那二位,只是很诚挚地对我说:"老邱,还是你来吧!你审过初稿,你来统稿更合适。"蒋先生既然这么说,我还能说什么?便全身心地投入统稿、修改、删节、补充、重写。1988年统稿完毕便交给蒋先生。蒋先生只对个别条目略作修改,就交给了出版社。1989年出版《美学卷》单行本前,蒋先生非常郑重地对我说:"老邱,这本《美学卷》是你审稿又是你统稿的,你应是名副其实的副主编。有两个办法处理,一是单列你是副主编;二是仍保留那两位副主编的名字,再加上你,而你的名字应该在第一位。"我连忙说:"不,不,不!我协助你审稿、统稿,是因为你对我的信任,是我应该做的。至于是不是当副主编,这个无关紧要,不挂副主编名,也可以做些工作。"蒋先生很感动,说:"老邱啊,我们的学者如果都像你这样不计名利就好了!"他这话显然是有所指的。1989年《美学卷》单行本出版,共计120万字。署名主编蒋孔阳,副主编是未著一字的那两位,我是"编委"和"撰稿人"之一。1992年,《美学卷》并入《哲学大辞典》成"合订本"时,我还是《美学卷》的"编委",同时又是《哲学大辞典》的"编委"。直到2001年,《哲学大辞典》出版"修订本",我才"升"为全书的副主编。此书影响很大,曾获国家图书奖提名、上海优秀图书特等奖和上海哲学社会科学一等奖。

我详说这件事,是为了纪念、感恩我的老师、同事、朋友蒋孔阳先生。他让我统稿《哲学大辞典·美学卷》,让我任《美学与艺术评论》编委,为我的《审美心理学》写热情洋溢的序言,我任《辞海》美学学科主编也很可能是他推荐的,这些都体现了他对我的信任和提携。对此,我是终身难忘的。

以上所述是上海美学学会组织的第一种美学辞书,第二种是2006年我与朱立元、陈超南、王振复等策划编纂的《美学大辞典》,我任其中"美学原理"主编,写了30万字。这部2010年出版的《美学大辞典》比《哲学大辞典·美学卷》和《辞海》、《大辞海》中的美学内容要丰富得多,一是词目近4 000条,二是每个词条的释文都呈数倍乃至十几倍的增长,含定义、类属、内涵、词源、历来争论的不同观点、当前学界的不同论说、此词的意义、价值等。这是一部既有知识性、可读性,又有系统性、学术性、前沿性的专业理论性很强的辞书。第三种是2004年出版、2007年又出增订本的《美学小辞典》,是我和朱立元为适应美学初学者所需而联合主编的。第四种是2012年出版的《艺术美学辞典》,是适应文艺家和文艺爱好者的需要而编写的。

自从1981年加入上海美学学会以后,学会所做的上述4项主要工作,我都积极参加了。1986年,我被选为副会长,兼文艺美学委员会主任。因为学会隶属于上海市社联,1988年,我被上海社联评为"学会工作积极分子"。2007年11月,上海社联在南京汤山举行"上海社科界资深会长座谈会",20多位会长出席,交流学会工作的经验、体会。我是唯一以副会长身份参加的,说来有些惭愧。2010年,我已75岁,便主动辞去副会长职务,当了"顾问"。2015年,我和陈伯海、华东师大的黄世瑜都年届80岁,上海美学学会特地为我们3人在一家饭店举行"祝寿宴",满满一桌人都是学会的正副会长和骨干,大家相聚甚欢。席上,我向会长朱立元提出,我已80岁了,不必再当"顾问"。朱立元不置可否。后来听说有关领导部门为了防止或制止退休干部利用"影响"担任社会团体的领导职务,从中捞取"好处",要求加以清理。我想我这"顾问"并无"好处"可得,而且我已主动退出,就不必"清理"了。

我与上海市作家协会

我与上海市作家协会结缘,可谓久矣!

早在1960年,我就到上海市作家协会去过,是以学生代表身份参加批判蒋孔阳、钱谷融"修正主义文艺思想"大会。不过,我没有发言,也没有写批判文章。相反,我对他们十分崇敬,甚至越批越崇敬!我向来把他们(还有徐中玉先生)当作我的老师。后来我曾和他们3位一起参加过多种"评审会"、"研讨会"。那次到作协,给我留下最深刻的印象是作协那幢庄美的楼和花园里那座绮美的少女雕塑。

1979年初,我接到一个通知,让我到上海市作协去一下。我跨进那幢楼二楼最西头的那间大办公室,里面坐着两位老人,一位是著名剧作家、作协代主席于伶先生,另一位是作协党组书记钟望阳先生。他俩见我进来,还没有听我自我介绍,便站起来欢迎我。钟望阳先生对我说:"'文革'十年,上海作协瘫痪了十多年,现在准备恢复活动,先成立两个大组:一个是创作组,组织作家、诗人开展创作活动;一个是文艺评论组,组织文艺评论家、古典文学、外国文学专家开展研讨活动。想请你和陈恭敏同志担任评论组召集人,你看行吗?"于伶先生接着说:"评论组可以先发动、组织评论家和学者批判文艺界的极左思潮,肃清'文革'的流毒,也可以对一些作家作品展开讨论。你是文艺理论家,希望能引导大家在理论上有所突破。"我对这项任命颇感意外,但作协恢复活动,我非常支持,也愿意尽一份力,所以我当即接受了这个决定。陈恭敏时任上海戏剧学院院长,是位老资格的戏剧专家和文艺评论家,请他当召集人,当然是实至名归。但是为什么让我也当召集人呢?在"文革"前,我虽然发表过论文,编过几本书,但在作协系统,我还是个"无名小卒"。他们之所以找到我,可能是因为我不久前,在《文汇报》发表过两篇批判文艺上的极左思潮的长文,尤其是在上海作协主办的《上海文学》杂志上发表过《篡党夺权的前奏曲——批判"文艺黑线专政论"》和《一个不精确的口号——评"文艺是阶级斗争工具"说》。听说有些作家和评论家认为这些文章不是一般的政治批判和表态式的东西,而是观点鲜明又充分说理的具有学术性的文章。

我和陈恭敏一起策划了几次研讨活动。一次是批判"文艺黑线专政论",控诉"四人帮"对文艺家的迫害,畅谈30年代以来尤其是新中国成立后文艺的进步和成就。一次是讨论文艺与政治的关系,批判"文艺是阶级斗争工具"的"工具论",并开始对"文艺从属于政治"的"从属论"提出质疑,同时还讨论文艺批评的标准和态度、方法,否定了"政治标准"和"政治标准第一"说,批判了姚文元之流乱扣帽子、乱打棍子的"文痞"作风。我们还曾连续3次讨论"革命现实主义与革命浪漫主义相结合"的创作方法,就现实与理想、性格与环境、歌颂与暴露等问题展开讨论,并批判了"四人帮"散布的"'两结合'创作方法唯一论"。每次讨论都在作协大厅举行,参加的有许傑、欧阳文彬、蒋孔阳等老一辈作家、理论家,还有中青年文艺理论批评家、中外文学史家、美学家以及文艺报刊编辑、记者等,每次出席人数都达三四十人。"文革"十年,与会者中有的长期遭到迫害,有的甚至尚未平反昭雪,大多数人都已沉默了十多年,没有参加过任何学术研讨活动,更没有发表过论著,所以他们到会后都十分活跃,常抢着发言,倾吐胸中的郁闷和愤懑,畅谈自己的学术见解。由于陈恭敏院长工作忙、会议多,因此大多由我来组织和主持研讨会。我往往先提出中心议题,然后及时发现争论的焦点或新颖的重要的观点,引导大家展开讨论。

我负责主持会议,十分投入,有一次在讨论"两结合"创作方法时,会上发生争论,形成肯定和否定这种创作方法或认为它是多种创作方法之一的3种不同意见。我正引导大家进一步深入讨论时,我的妻子华馥仙突然到作协大厅来找我,说上海市胸科医院突然送来通知,让我11岁的女儿立即到医院去做先天性心脏病手术,因为刚刚有了床位,晚去就可能被别人占了,馥仙要我和她一起送女儿到医院去办理各种手续,并和主治医生谈话。女儿患此病已11年,多次到各家医院求治,都遭拒绝,成为我家最难以忍受的患难,后经多方努力,现在胸科医院终于答应为我女儿做手术,这当然是天大的好事,又是极大的忧虑和恐惧——我们不知道做这种大手术有多大的把握！可是此时我正聚精汇神地主持讨论会,而陈恭敏又没有来,无法临时请他人继续主持会议,只好让馥仙先带孩子去医院和医生商谈,我散会后再去。由于我在作协的工作十分投入,有的朋友还以为我已调到作协工作了。

1979年底,我听说上海作协要成立正式领导机构了,便和陈恭敏商量,为了不影响作协今后的工作,而我们又有自己的工作,无意于成为作协的领导班子成员,我提议停止"召集人"的工作,陈恭敏十分赞同,并说作协内部目前还有一些"文革"遗留下来的矛盾,我们不要掺合进去。于是我们便不宣而退,"召集人"工作就此结束。后来,上海市作家协会召开作家大会,选出由老作家组成的领导班子,原创作组分解为小说、诗歌、散文、儿童文学、戏剧文学、外国文学翻译等专业组;原评论组分解为文艺理论评论组、古典文学组、现代文学组、外国文学组等。我被选为上海作协理事,任文艺理论评论组组长,又曾组织过几次研讨会。大概是1988年,作协再次改选时,文艺理论评论组理事候选人中充实了许多年轻评论家,尚缺一个候选人,要在张军同志和我之间选择一个,我主动提出张军是作协的工作人员,是老干部、老评论家,他每天都来作协上班,应由他来当理事候选人,我已转向美学研究,所以我退出候选人,大家表示理解。从此,我的"理事"也就结束了,评论组长当然也随之结束了。

到20世纪90年代以后,我在上海作协已不再担任职务,却又常常到作协去,一是应邀出席各种座谈会、研讨会;二是被作协聘为"高级职称评审委员会"委员,参与评审一级、二级、三级作家;三是在1998—2001年担任由上海作协与上海社科院文学研究所合办的《上海文化》杂志社的社长兼副主编;四是在2008—2013年,参与作协主持的《海上文学百家文库》编纂工作,我任实职副主编。在参加后两项工作的几年中,我几乎每周都要到作协去,成了那里的"常客"。不过,这已是后话了。

我与电影评论学会

在"文革"前,我喜欢看电影,但没有研究过电影,更没有写过电影评论。

1979年初,可能是因为我在"文革"结束后两年里发表过一些文艺评论,上海《电影新作》杂志的王世桢、边善基两位先生便约我写电影评论,并将《电影新作》每期都寄送给我。不料我一出手,便直接影响了两部影片的摄制。在该年的《电影新作》上,我读到一部电影剧本《春雨潇潇》,写1976年春天,北京某警官奉"四人帮"爪牙之命追捕参与天安门广场"四五运动"的一个热血青年,几经周折和内心挣扎,该警官在妻子和群众的感召下,幡然悔悟,反而救了该追捕对象,表现了人心所向、心同此理和对"四人帮"的憎恨,而且颇有艺术特色。1979年7月,我在《电影新作》该年第4期上发表了《情真意切,简繁得体——读〈春雨潇潇〉》,肯定了这个剧本的意义和特色。不久我就接到著名电影导演丁荫楠从广州寄来的信,说珠江电影制片厂有人认为这个剧本写北京"四五"运动,题材太敏感,涉及许多政治问题,显得顾虑重重。此时正好《电影新作》发表了我的评论文章,他读后很受鼓舞,厂领导也决定拍摄此片,故特来信向我表示感谢。我为自己的评论文章产生实际效果而感到十分高兴,便写了封回信给丁导演,提了几点建议。指出此时各种文艺样式都在表现群众与"四人帮"的斗争,此片应力求避免"雷同";剧本中有的人物形象还不够丰满,应着力刻画人物内心世界;此片不要拍成公安警匪片、惊险片或哲理片,根据剧本提供的素材,应努力拍成抒情的富于诗意的"艺术片"。丁荫楠很赞成,8月19日和12月24日又写来两封共达8页的长信,谈他在创作中的构思和甘苦。后来《春雨潇潇》这部影片和导演丁荫楠都得了奖。次年,丁导演还寄来一封"创作小结",其内容与我的建议十分合拍。

  1981年,边善基又给我一个电影剧本《最后一幅肖像》,并提醒我注意,此剧本的"味道"好像有点不对,让我评判一下。我仔细读后,感到此剧本不仅"味道"有问题,而且在政治上有失误。作品写1944年日本民众热烈欢送日本兵出征中国,而中国人民的抗战却写得模糊不清,八路军战士宋来雨和他的画家未婚妻被日军俘虏,仇恨中国人、掠夺中国文物的日本军官因为"爱艺术",命他二人为自己画肖像,画得好的即可活命。未婚妻为救宋来雨便把自己画成的肖像悄悄换给宋来雨,结果未婚妻被杀;若干年后,宋来雨以中国人民文化交流代表团团长的身份访日,在一个画展上又见到当年未婚妻画的那个日本军官的肖像,在未弄清展出此肖像的用意和该军官未表示忏悔和歉意的情况下,他便忘却杀妻仇、民族恨,与那个刽子手握手言欢,以显示中国人的"大度"、"不记仇"。我认为此作有明显的失误,但力求避免"大批判"式的声讨,而是指出此作历史的真实性不足;在表现日寇侵华战争和中日友好问题上分寸失度;把人物性格的复杂性表现为人格的分裂;出现了作者的本意、动机与作品客观效果的矛盾,所以我写了篇批评性、分析性的评论《不真实就没有力量——评〈最后一幅肖像〉》,在文章最后还特别写道:"热望作者吸取这个教训,努力创作出更好的作品来。"不料这篇评论在《电影新作》1981年第6期发表后不久,就听说某电影制片厂原已准备开拍此片,见到我的这篇评论后,便决定不拍了!想不到我的一篇评论竟影响到一部影片的命运!我有些忐忑,曾想做些补救,可否请作者做些修改再拍摄。有人告诉我这个作品的框架已定型,小修小补已无济于事,所以没有向有关部门反映我的建议。

1983年春天,上海电影家协会在淮海中路《电影新作》编辑部召开成立上海电影评论学会筹备会,出席者有前辈电影评论家鲁斯、梅朵,上海电影局副局长成志谷,上海电影家协会负责人王世桢,《电影新作》负责人边善基和我。会议决定由梅朵任会长,成志谷、王世桢任副会长,我和其他人任理事。学会常组织观看"内参片"(尚未买断和翻译的外国经典影片)和"内部电影"(中国早期的重要影片),有时观看"过路影片"(上海和外地新摄制的影片到上海来初映,征求专家意见),看后讨论或写评论。但学会活动最多的还是组织电影理论研讨会和若干专题讨论会,如讨论电影的本质、特征,电影的文学性、戏剧性、技术性以及城市电影、军事电影等,也对若干新影片展开分析讨论,我曾先后发表《电影文学性漫谈》、《电影欣赏中的逆反心理》、《入木三分的心理刻画》、《真实才有力量——影片〈少年犯〉观后》、《城市电影是个特殊的范畴》等文章,共约十多篇。

有两件事值得一提。一是1984年,上海电影家协会负责人王世桢先生对我说:"你是美学家,能否研究电影美学?"我说我早就有此想法,但是条件有限。如果研究电影美学，应该至少参与两部影片的拍摄全过程，否则难免隔靴搔痒。他说"这个不难，只要提出你想参加的摄制组，我马上安排，还可以请你以'文学顾问'名义参加摄制组"。我又提出想访问几位导演，他立即安排我去拜访著名导演谢晋。

9月的一天下午，我在梅朵先生的陪同下到了谢晋家，在他家门外走廊里看到两个有点异样的年轻人眼睛定定地瞅着我，似笑非笑的样子。我正纳闷，谢晋从屋里出来，略带歉意地对我说："他们两个是我的儿子！"随即又爱抚地揽着儿子，指着我说："他是我的客人，你们到那边去玩去！"我猛然想起，谢晋有3个儿子，大儿子非常聪明、能干，而老二、老三却是痴呆儿。又听说这两个孩子原是正常人，在"文革"中谢晋遭到批斗、隔离，两个年幼的儿子也遭到非人的摧残，有时甚至被造反派塞进垃圾箱里，所以才造成残疾。我很惊异，谢晋遭到如此不幸，却能以满腔的热情和深沉的爱投入艺术创作，这该有多么深的爱和多强的毅力啊！

进屋以后，我们便无拘无束地谈了起来，主要是我问他讲，他谈了他的幼年、家庭，谈他拍摄几部影片的感受、体验和艺术风格的变迁，尤其是谈他的爱读书、爱思考。我原想再请他谈谈拍某几部影片时的构思和遇到的问题，因为已经交谈了两个多小时，而且那两个儿子也回到屋里，访谈只得中止。后来因受一家心理学杂志约稿，我只写了篇《艺术家要有深广的心理储备——访著名导演谢晋》，主要根据访谈内容，谈导演要有激情，又不能感情用事，要善于冷静分析；生活中有崇高的东西，艺术应讴歌崇高，鼓舞人们的信心；艺术家要熟悉各种人，尤其要洞悉各种人的心理，才能使形象血肉丰满；艺术家要多读书，多学习，要兼收并蓄，又要化为自己的血肉；艺术创造力是艺术家的洞察力、感受力、理解力、表现力等各种能力的综合，是丰富的心灵储备在创作中的发挥和升华。后来曾经准备再度访问谢晋，却因琐事繁忙，未能成行，而我的电影美学研究也因我另有任务，没有参与电影拍摄，一直未曾动笔。直到1991年，才发表了一篇1万多字的《关于电影美学建构的断想》，但也只是个"断想"而已，充其量也只能勉强算是电影美学的一个最简略的大纲，说来真是有点遗憾和惭愧！

另一件事是 1990 年后,我便不再参加上海电影评论学会的活动了。一方面是因为我已调到上海社科院文学研究所工作,所里没有人专门研究电影,我又不便当"独行侠",加上工作头绪多,外面的其他学术活动也多,我已没有精力、时间参加这个学会的活动。另一方面,也是更直接的原因,是怕被人请去看新电影,害怕发表意见! 80 年代中期以后,中国许多地方都有了电影制片厂,他们拍成新片后,常由厂长、导演、主要演员带着新片到上海来内部放映,请专家观片,看片后就请吃饭,饭后就讨论、评议(那时还没有发"红包"的恶习),然后就登报宣传,一般都是讲捧场的话,犹如做软性广告。如果看到好片子,讲几句好话倒不难,也心中无愧,还可以总结一些成功的经验;假若看到很差的片子,这就犯难了! 如果硬挤几句"好话",实在有点无聊,而且"挤"不出! 要知道讲违心的好话也不是那么容易的! 如果"滑头"一点,就从题材上或主题上做文章,说此片如何"及时",如何"有意义",那就等于是废话,随便什么人都可以说上几句,要你这"专家"何用! 如果直言批评呢? 更不行! 人家花了几百万、几千万拍一部影片,被你批评一通,尤其是在艺术上给予负面的评价,马上就影响人家的票房,你于心何忍?何况人家请你看电影,请你吃饭,连编剧、导演、主要演员(有的是名导演、名演员)都谦虚地向你"请教",你却当面把人家批评一通,如何说得出口? (写到此又想到一件趣事,上海某话剧团编演了一出新话剧,请我观摩、座谈,我觉得此剧的矛盾冲突很虚假、不合逻辑,即缺乏戏剧性,便先讲了些肯定的话,然后冒失地说了一句"这个戏没戏"! 气得该剧的编导演再也不请我看戏评戏了!)怎么办呢? 我的策略是"逃跑",当看到很差的片子,我便趁电影即将散场时,悄悄低着头走出放映间,溜之大吉! 这样"溜"了几次,我觉得老是这样,对不起影片的摄制者,也对不起学会观片的组织者,所以就不去看这种电影了。久而久之,连学会的活动我也少去、不去了。梅朵会长有几次在其他学术会议上见到我,总责怪我为什么不到电影评论学会来? 我不便谈我的真实想法,只是搪塞说文学所工作很忙,实在挤不出时间到学会来,非常抱歉!

我与上海电影评论学会的"姻缘"就这样结束了,但与电影评论的关系并未终结。当上海市某领导部门组织专家观看上海拍摄的影片,如《走出西柏坡》《抉择》等,我去看了,并与专家们一起参加讨论,提些意见、建议,有时还发表一两篇评论文章,不过已不像在电影评论学会时那么频繁了。

"导师"

我是个没有学位的教师,却当了多年的"导师"。还在1975年的"文革"后期,复旦大学就开始从工农兵学员毕业生中招收研究生,我们文艺理论教研组也招了两名研究生,由徐俊西和我任导师。由于十几年没有评过职称,那时我们二人都还是助教。助教当研究生导师,确实有点滑稽。但在当时,却是出于无奈。因为当时尚在"文革"中,许多资深教师,如蒋孔阳先生等,仍受到种种限制乃至压制。同时,此次招收研究生是以教研组名义招的,徐俊西和我是正、副教研组组长,所以我俩便充当"导师"了。

1980年,复旦大学开始正式招收研究生,当时还不是导师制,是以教研室名义招生。给了我们文艺理论教研室3个名额。由于我时任室主任,便负责"文艺学"专业硕士研究生招生工作。当时报考的有十多人,经笔试后,有5人成绩突出,便让这5人参加口试复试,由我主持口试。我拟了一些思辨性较强的题目,他们都答得很好,思路敏捷,知识宽广,尤其是分析、归纳、综合能力特别强。我便向系里和校长提议能否扩大招收名额,这5人全收,系里和校长都批准了。我便做了分工,请蒋孔阳先生任朱立元、张玉能、曹俊峰的导师,徐俊西任张思涛的导师,我任虞某某的导师。其时,我和徐俊西都刚由助教升讲师,新任讲师就当"文艺学"硕士导师,这可能是空前的,却肯定是绝后的!蒋孔阳先生带的硕士生3人,主要学美学,并以西方美学为主攻方向,毕业后又攻读博士学位。后来此3人都成为美学上的新秀、美学界的佼佼者。徐俊西带的张思涛主要研究文艺理论,后因徐俊西调离复旦,便转由我指导。张思涛毕业后,到北京中国电影家协会工作,成为很能干的文化干部。我指导的虞某某是个女同志,当时已30多岁,在学期间因与丈夫离婚,又带个孩子,学业受到影响。毕业后她到浙江师范学院任教,是位称职的大学教师。到80年代末,因受"出国潮"的影响,她也到美国去谋发展,因找不到学以致用的职业,时间一长,学业也就荒废了,这是很可惜的。

1983年,我开始以导师名义招了第二届研究生:钟某和杨某。他们都是复旦中文系应届毕业生,学业基础扎实。在当研究生期间,钟某便为上海电视台编写分析中国古典诗词的讲课稿,还曾整理出版,是个很有才华又有较强活动能力的青年。钟某毕业后,我推荐他到上海社科院文学研究所从事研究工作,1990年我调到文学所时,还和他做了一两年同事。可是他也受到"出国潮"的影响,到美国去学"比较文学",不料只学了不到1年就辍学,不得不靠"打工"谋生,弄得很落魄,几年后竟空手而归,令我十分伤感!杨某毕业后,我把她介绍给上海《萌芽》杂志社当编辑,她也抗拒不住"出国潮"的诱惑,几年后带着孩子去了澳大利亚,久而久之,业务也荒废了。我在复旦先后招了4届7个研究生,竟有3个因出国导致学非所用,常令我遗憾不已。20世纪八九十年代,正是"出国潮"高涨的时候,对于青年人要出国深造,学一些在国内还难以学到的新东西,然后学成回来为国效劳,我当然是支持和鼓励的。但我反对这山望着那山高,追逐潮流心气浮躁,为出国而出国,尚未考进外国相关的专业、学校,或尚未找到合适的工作,就像冲出"围城"一样贸然出去了。有的人屡屡碰壁,四顾无亲,一事无成,以致"无颜见江东父老",国外留不住,回来又不甘心,成了到处游荡的"游子"!这是何苦!

我在研究生工作中还有一点遗憾。1990年,我所在的中文系文艺理论教研室由蒋孔阳先生牵头,成为全国"文艺学"专业重点博士点,我是这个博士点的导师之一。由于我该年夏天调离复旦,到上海社科院文学所工作,而文学所因该专业导师力量不足,又因上海社科院当时不属教育系统,所以没有申请到"文艺学"博士点,只有硕士点,我任导师。因为没有招收和直接指导过"文艺学"博士生,所以我在填写各种履历表格时,没有填写过"博导"这个头衔。尽管我担任上海市文学学位评审委员会委员和上海社科院学位委员会委员近10年,审读、评议、表决过几十位博士生的论文,我退休以后,还多年担任上海社科院研究生院的"督导员",顾名思义可以"督促"、"指导"博士、硕士及其导师,可是我却始终不是"博导"!

我在复旦任教期间,除带了几届研究生外,还先后指导了多位从外地来的进修教师。其中有一位叫方正己,吉林人,随我研究美学。他喜欢写诗,准备写一部《美学诗》,用诗的语言、形式探讨和表达美学理论问题。我非常赞成,并向他指出中外古代都有这样的先例,如陆机的《文赋》、刘勰的《文心雕龙》、司空图的《诗品二十四则》,以及法国17世纪古典主义诗人布瓦洛的《诗的艺术》等。但中国现当代这样的著作却不多,便向他提出了一些建议和要求。在他进修1年快结束时,他已写出初稿。我读后觉得诗意尚嫌不足,而美学观点也涉及太多,表达欠深,便向他又提出了一些建议。后来他回吉林了,原以为他将全身心投入教学和研究,他的《美学诗》不得不束之高阁。不料漫长的10年以后,我突然接到他的来信和书稿,他几经修改、润饰,《美学诗》竟准备出版了!他要我为此书写个序言。我细读了他的书稿,惊喜地发现,在这本不太厚的书稿中,原先较薄弱的诗格已大为改观,读来饶有诗味,而其中阐释的美学观点已更加集中、更加鲜明,实现了诗歌与美学的结合、诗情与学理的契合。我不禁想起"十年磨一剑"的古训,方正己不正是反复琢磨了整整10年吗?10年一觉美学诗的梦,现在终于圆梦了!我钦佩他的首创精神、探索精神,更钦佩他的优良的学风和坚持不懈的毅力,便愉快地为此书写了序言,置于该书的卷首。方正己又让我为这篇序言写上篇名《诗意的美学——读〈美学诗〉》,将序言于1999年11月3日发表于《吉林日报》。

我还指导过一位从遥远的西部来的进修教师,我向他提过建议:在复旦进修1年后,不要空手回去,应在进修期间就写出美学讲稿或大纲,以便回去以后就能立即开课。他欣然同意,过了约半年多,便交来一叠厚厚的讲稿,足有20万字!可是我读了以后,顿觉胸口堵得发慌,犹如吃了一碗夹生饭。原来他在讲稿中古今中外,广征博引,却看不出他自己的观点是什么。有时他的观点又似乎很多,几乎每一句都是一个斩钉截铁的观点,其间还夹杂着颇具哲学意味的警句,可是这些观点是从哪里来的?它们的论据是什么？我却理不出头绪，原来他几乎没有经过条分缕析的论证。更让人尴尬的是，我还发现其中许多观点似曾相识，有的观点之间还相互矛盾，原来大多是未加引号的前人观点的连缀。他也犯了堆砌抽象概念的毛病，既没有对这些概念作清晰的解析，更没有具体生动的实例。在与他交谈中，我请他举几个实例来论证一下他所用的概念和讲到的观点，却往往文不对题或题不对文！我不得不把我的意见向他如实奉告，并且特别指出："美学和哲学一样，是明白学。只有自己明白，才能让他人明白，要忌虚妄，求真知。你写的是讲义，以后向学生讲课一定要多联系实际，要讲清基本概念，要阐明自己的观点，要让学生听得明白。"不料他却神秘兮兮地对我说："老师哎，不行噢！我们那里的学生不像你们复旦的学生，他们就是喜欢新奇、深奥，你愈是广征博引，新概念一大串，他们就愈听不懂，而愈听不懂，就愈觉得你的学识广博深奥。如果你多联系实际，讲清了概念，让他们听明白了，反而认为你没有学问了。"哦，原来如此！我愕然了，便严肃地向他指出："你这样写文章讲课，非但效果不好，而且是种不良的学风、文风。"我还说了些深刻不等于晦涩、新颖不等于奇特，做学问要老老实实、实事求是，不要故弄玄虚、故作艰深，更不能搞什么唬人战术之类的话。他表示接受我的意见，再去修改讲稿。我说你修改后再给我看看，他很感激。他进修完毕便匆匆回去了，我没有看到他修改后的新讲稿，但愿他已经改变学风、文风，成为一名优秀的教师和美学家。后来，我觉得他在治学中暴露出来的学风、文风问题，并不是个别现象，在学界屡有所见，而且还有愈演愈烈的趋势，所以我以此事为例，写了篇短论《要实事求是，不要华而不实》，发表在《文学报》上。

淡泊名位

在"文革"前，我当过系秘书、政治指导员和教师党支部委员。那时我对当干部还有点荣誉感、责任感，如果做出一点成绩，还有一些成就感。在"文革"中，我看到许多干部被批斗、被侮辱，有的人为了官复原位，处处迎合造反派，即使当了什么官，也往往颤颤巍巍；而那些造反派，天天打着"保卫毛主席,保卫党中央"的旗号相互格斗,无非是争权夺利!这些都让我胆寒齿冷,我那当干部的心,从此一落千丈!即使造反派、工宣队,乃至上海市委写作班要我当什么头头,我也一一设法推辞了。我曾开玩笑说:"我命中注定只能当个小组长!"

"文革"结束后,我曾任中文系文艺理论教研室主任兼党支部书记,在我看来,这也不过是个"小组长"。1984年,我觉得当这个主任已经8年,该让位了,便以"培养年轻接班人"为名,主动辞去室主任职务,成为中文系主动辞职的第一人。不料我刚辞职不久,中文系系主任胡裕树先生就找我谈话,说他身体多病,很难主持工作,希望我担任副系主任,帮他主持日常工作。胡先生是我尊敬的老师,我非常感谢他对我的信任和提拔,但我还是"婉言"谢绝了。我的"理由"说起来有点滑稽,我说我家住在市中心,到复旦上班,乘车来回要3个小时,太浪费时间,是做不好系里工作的。胡先生一眼看出我是不想干,也就只得作罢。大概过了两个月,复旦党委组织部长宗有恒同志找到我,对我说上海市委派人到复旦来要求物色一个年富力强的有较高理论水平的教师,到市委政策研究室去工作,党委经研究认为调你去最合适。我几乎不假思索,就摇头不已,说:"不合适,不合适,我已49岁,不能算'年富';我只当过小组长之类的干部,政策水平很低,更算不上'力强',你还是另选别人吧!"我心里明白,如果谁想当干部,或曰"升官",到市委政策研究室去工作,是个很好的机会和途径。但我实在不想当官,只想搞些研究,当个称职的教师,而市委政策研究室的工作,要有很高的政治、政策水平,要有各领域的广博知识,尤其是要吃透中央、市委的精神,要根据领导的意图写东西、讲话,我是很不适应的。但是这些想法我不便和老宗说,所以就编了上述不成理由的"理由",老宗见我态度坚决,大概也知道我的实际想法,就只得罢了。过后我却忍不住笑了起来,因为突然想起我在"文革"中几次推诿任职,都说"我的阶级斗争、路线斗争觉悟很低",几乎成了我的口头禅,现在的托辞则是"我的政策水平很低",这是时代的进步还是我的进步?

推辞了几次任职之后,我当了几年安稳教师。1987年,已升任党委副书记兼组织部长的宗有恒又找到我,说复旦准备成立艺术系,先成立个艺术研究室,为全校学生开设艺术课,并指导学生开展课外艺术活动,为办艺术系做准备。党委决定由我担任室主任,马上招兵买马,下学期就开课。我觉得复旦早就应该办个艺术系甚至艺术学院了。上海除了戏剧学院、音乐学院,竟没有电影学院、美术学院等艺术院校,与上海的地位很不相称。所以我明确表示支持办艺术系和先办个艺术教研室或艺术教育中心,但我不想当这个室主任。老宗有点生气了,就问我为什么?我只好老实说:"我不想当干部!同时,我正在写一本《审美心理学》,不想被打断。"为了不让他失望,我便推荐蒋孔阳先生当主任。他已是政协委员,是上海市作家协会和社联的副主席,但在复旦却没有任何领导职务。另外,我还推荐樊某某任副主任,协助蒋先生工作。宗有恒见我执意不干,就接受了我的建议。

我不断在复旦推卸任职,在一些校外的学术团体也屡屡推辞职务,最多当个"理事",因为我不想挂空名。我曾担任过另一个研究会的理事,因为工作忙,"理"不了"事"了,就连这个"理事"也推辞掉了。

最让我的朋友"想不通"甚至骂我是"傻瓜"的是,我从读大学时就梦想当教授,竟然连续两次推辞晋升职称!副教授、教授职称对于我们这些当教师的人来说,真是"性命攸关"的事情,无论是名誉、地位、课题、工资、住房等都随着职称的提高而改变。多少人做梦都梦到晋升职称。有人为了晋升职称,有哭有闹有怠工有辞职乃至生病的,而我这个被朋友笑骂为"傻瓜"的家伙,在两次推辞晋升职称的机会时,竟然还想出些"理由"!

一次是1984年。由于"文革"十年,复旦已有十几年没有正常晋升正副教授职称了,积压了许多早该晋升的人未及时晋升。该年校、系领导为了打破"论资排辈"晋升职称的弊端,决定破格晋升一批中青年优秀教师。中文系领导经分析、比较,决定优先晋升我和另一位教师(他刚担任副系主任)为副教授。有一天我因患感冒,已有两天没到学校,中文系党总支书记特地到我家来看望我,并给我带来喜讯。他万万没有想到我会谢绝这个好意。我很诚恳地对他说:"我当然很想升职称,但我注意到有好多位毕业比我早好几年的学长还没有晋升副教授,我不想太突出!"还说:"打破'论资排辈'是非常必要的,但此事落到我身上,我不能不有所考虑。如果明年仍要评职称,那就到明年再说吧。"所以我是在下一年(即1985年)才晋升副教授。

第二次是1989年推辞晋升教授。此事说来话长,还得从头说起。1987年,校领导曾让我当艺术教育中心主任,我推辞了并推荐蒋孔阳先生任主任、樊某某当副主任。谁知老樊大权独揽,独断专行。有次主持全校性的大型文艺演出,既不与蒋先生商量,又不向党委、校长请示、汇报,甚至不与校保卫处联系,由于入场券分配问题,引起学生不满,差点闹事!校领导十分恼怒,便重新动员我到该中心当主任。我表示愿意到该中心工作,但仍请蒋先生当主任,我和老樊当副主任。于是党委决定由我当"常务副主任",主持日常工作。我之所以同意到该中心工作,一是怕老樊又要闹出事故,二是校领导已决定正式筹办艺术系,由我负责筹备工作。我建议先办两个专业:一个是电影专业,填补上海在这方面的空白,并提出拟请几位著名电影导演、演员、电影理论评论家当复旦教授或兼职教授。另一个是应用美术专业。上海虽有中国画院,但应用美术人才奇缺,而在社会生产、生活方面,应用美术用途极广,前途无量,复旦应该先行一步。我甚至进一步设想:当艺术系办成后,可以进一步扩展,将电影专业扩展为电影系,再扩展为影视学院;将应用美术专业扩展为应用美术系、应用美术学院;最终再将两个学院合并为艺术学院或视觉艺术学院,让复旦成为培养艺术人才的一个重要基地,为上海、全国的艺术发展、繁荣做出贡献!校领导同意我的这些设想,指出目前先集中精力办好艺术教育中心。

此外我自己也有一个打算。我知道筹办一个新的系、两个专业,工作量极大,许多新的困难还难以预料,我必须全身心投入,而我原先拟定的美学研究计划只能搁置。此时我已54岁,办成艺术系至少要五六年时间,待办成时我正好60岁,也该退休了。那就让我为复旦、为上海、为国家做这么一个最后的贡献吧!值得!我甚至想象,当我退休时,看到艺术系的师生在画室里画画,在摄影棚里拍电影,还举行影展、画展,我该多么自豪!我还想象得更远,若干年后,当艺术学院屹立在复旦新校苑,而我曾为这个新兴的学院添过一块砖、加过一块瓦,我虽已退休多年,该是多么幸福!

于是我便兴冲冲地到艺术教育中心上班了。不料我去的第一天,就遭到令人难堪的冷遇！在那天照例举行的"欢迎会"上，副主任樊某某作为主持人却阴沉着脸，一言不发，当教师们鼓掌对我表示欢迎时，他却愤愤地拎起皮包走人了！第二天，我在办公室见到他，很热情地对他说："老樊，我初来乍到，对这里的情况不很熟悉，谈谈好吗？"不料他扭转头就走人，甩下一句"没空"！有一天，我正在走廊里和几位教师商谈工作，他来了，我正要和他打招呼，他却扭头便走，好像我要"扣留"他一样！对于他这种非礼行为，我没有发火，却惹恼了中心里其他教师和职工。他们纷纷向我诉说，老樊工作无计划，任性而为，待人粗暴，动辄训斥教师职工。

我之所以没有发火，因为我心里明白，他在这里独断专行惯了，怕我夺他的"权"或限制他的"权"；他明明知道他当上这个副主任，是我向党委推荐的，现在我也来了，他就认为我是来"抢桃子"的，即抢夺他的工作成果。同时，我们早已相识，都在上海美学学会任理事，他对我的科研成果、教学经验和群众工作能力可谓了如指掌，他怕我来了会降低他的"权威性"，所以他就用3次拂袖而去羞辱我，又用十多天不来上班为难我，让我无法开展工作，早早离开他的这块"宝地"！

过了大概两个多星期，他到办公室来了，而且态度出现180度的大转弯，满面笑容，主动招呼我坐下来和他一起"研究工作"。我只觉得好笑，因为我知道他肯定已经打听到学校又要评高级职称，并且给了艺术教育中心一个晋升教授的名额，只有我和他是副教授可以申请晋升，所以他便来和我"商量工作"了，无非是想探听我的口气，最好我能让给他。其实他是个聪明人，明知无论在科研成果、社会影响还是教学成绩上，他和我都无法竞争。但他仍想"搏"一下，先在今天的办公室里"搏"，在和我"商量工作"时，便讲他在复旦已经任教了多少年、副教授当了多少年，意思是他的"资格"比我老，按照"论资排辈"的惯例，我应该让他"先晋升"，却闭口不谈科研、教学的实绩。我不想反驳他什么，只是平静地说："究竟什么人可以晋升教授，是有若干标准的，不是你我可以自己商定的，还是让学术委员会去决定吧。"他听了很不满，又故伎重演，拎起皮包就急急地走出了办公室。

过了几天，党委副书记宗有恒和副校长庄锡昌约我谈话，告诉我一件事:樊某某昨天到党委来吵闹,说党委有偏心,见共产党员邱明正到了艺术教育中心,就给了一个教授名额,这不是偏向共产党员吗?他是民主党派成员,应该照顾民主党派,否则怎么合作?庄锡昌副校长劝他能否升教授,由学术委员会决定。这次给艺术教育中心一个名额,是因为他和邱明正都是副教授,都可以申请晋升,让他向学术委员会提出申请。老樊仍不罢休,说让学术委员会决定,只对邱明正有利,仍是存心要排斥他,并叫领导要考虑考虑政治影响!他把晋升职称的事情上升为政治问题,并且有意回避晋升条件,就用吵闹来"搏"取教授头衔了!我对他的这种思想、行为十分鄙视,认为简直不可思议。但我冷静地思索一会儿,便对两位领导说:"老实说,论晋升条件,我自觉比他强;他上升到政治问题上来,我们可以不予理睬,因为实在没有什么道理,更不能助长这种无理取闹。但是,我是共产党员,按照我们的传统习惯,我不想和党外人士争什么;为了以后在艺术教育中心可以合作共事,为以后办艺术系创造良好的氛围和条件,我愿意让给他!我这次不申请晋升了。如果明年后年还评升教授,我就明后年申请!"两位领导很感意外。宗有恒感慨地说:"我在复旦工作近30年,有的人发扬风格,让办公室,让津贴,让干部职位,甚至还有让房子的,从来没有听说过,有人让教授职称!你要慎重考虑。"我说:"我已经考虑了,就这样定吧!"

我在1989年没有申请晋升教授,倒不觉得有什么遗憾,让我遗憾的是创办艺术系的计划落空了!我原已拟好办艺术系的具体方案,并且提出200万元的第一笔办系经费预算。校领导认为这笔经费很大,一时难以筹措。尤其是在春夏之交发生了政治风波,再后来我又调离复旦,办艺术系的事情不得不搁置下来。这一年,我未晋升教授就是为了办艺术系,结果却弄得两头落空,确实很不是滋味!

告别母校

教授让掉了,"官运"却又驾临!1989年冬的某一天,复旦党委找到我,说上海市作家协会副主席、党组副书记赵某某同志犯了错误,要免去他的职务,市委组织部(或宣传部)来人要从复旦调一个干部去顶替他,认为邱明正是文艺评论家,还曾在上海作协担任过文艺评论方面的召集人,熟悉作协的工作,希望调他去作协工作。党委认为我去比较合适,除上述原因外,还因我任艺术教育中心常务副主任,相当于处级干部,到作协去升为副局级,符合升级的组织原则,所以决定放行。我一听此言,沉吟了一会儿才明确地说:"不去!我在复旦工作已近30年,从来没有想到过会离开复旦。我已经是'复旦人',我希望一辈子都在复旦继续我的教学和研究。至于是不是当局级干部,我从来没有考虑过。老实说,我对此兴趣不大!"党委见我态度坚决,而我说的"复旦人",他们大概也有同感,便接受了我的意见。

我刚才听到这个消息为什么沉吟了一会儿,是因为我立即想到两个问题:一是想到赵某某同志的为人。我和他没有过多的个人交往,但彼此认识。我认为他为人善良、正直、谦逊,工作勤奋,创作了不少好作品。他一犯错误就免职,似乎有点过分,让我去顶替他,是不是有点赶他下台甚至有落井下石的意味?我能干这种缺德事吗?二是回忆起1979年,上海作协刚恢复活动,曾让我担任两个大组之一的文艺评论组的召集人,后来因为作协要成立正式领导班子,所以我才不告而退。现在事过10年,又堂而皇之地去当副主席、副书记,是不是有"欲擒故纵"、"曲线谋官"的嫌疑?当然这些话我不便与领导说,所以就讲了一通"复旦人"之类的托辞。此事已经过去很久,但从那时起,我却越来越觉得我的决定是对的。不知道是不是与我不愿去"顶替"有关,赵某某同志当时并没有被免职,此后他不仅为作协又做了许多有益的工作,而且又创作了许多有影响的好作品。尤其是他作为《萌芽》杂志的主编,打破常规,锐意创新,把这份文学杂志办得有声有色,培养了许多青年作家。每想到这些,我都会感到由衷的高兴。

1990年初,党委副书记宗有恒又找我,说市委组织部(也可能是宣传部)又来人了,说上海社科院文学所党总支书记生病住院,不久就要离休,想调我去任副所长兼党总支书记,也是副局级,问我去不去。我还是那句话"不去"。老宗说:"你别忙着拒绝,文学所的工作和你现在的工作是同行同业、熟门熟路,这样的机会难得。你再考虑考虑,然后再给我们答复。"第二天,我去答复了,庄锡昌副校长也在场,我对他们说:"我考虑过了,我不想当干部,也不想离开复旦。所以不去!"不料老宗和庄副校长听我说不去,却笑了起来:"好,好,好,不去就不去吧!我们党委和校长研究过,如果你不愿到文学所去,就留下来让你担任副教务长,负责文科各系、各研究所和管理教学研究的几个处的工作!"我大吃一惊,"砰"地站了起来:"什么?让我当副教务长?不行,不行!"他们问"为什么"。我心里想,当副教务长而且是复旦大学这种重点大学的副教务长,名声、地位确实是有点诱惑力的。但我实在不想当干部,更不想天天来上班,处理各种繁杂的事务。何况文科的教职工抱怨校领导"重理轻文",我如果当了管理文科的副教务长,文科各系、各研究所必然对我抱有希望,希望我为文科多争取些权益,我能满足他们的要求吗?很难!但这些话不好明说,我只好含含糊糊地说:"我不想当头头,只想搞些学术研究!"老宗有点发火了,大声说:"邱明正,你还是不是共产党员?怎么可以一而再、再而三地拒绝组织安排?你的组织观念到哪里去了?!"庄副校长连忙打圆场:"这样吧,上海作协、上海社科院文学所和复旦副教务长,3项工作,你自己决定,选一个,行吗?"我又坐下来,嗫嗫嚅嚅地说:"我一个都不要,只想当教师!"大家都沉默了,那个简陋的小办公室里静得让人心慌。我默默地想,看来不选一个是不行了。那个文学所里的人,我大多认识,有的还是老朋友,而我去了以后,仍可以搞理论研究。而且文学所在淮海中路,离我家很近,可以步行上班,我就到那里去吧!于是我又站起来,对他们二人说:"我在复旦已有35年,当复旦教师也已经30年,想不到现在却要离开我的母校了!"说到此,我有点伤感,反而大吼起来:"我只好到文学所去了,这是你们在赶我走,我只好走了!"说着又重重地跌坐在那张破旧的沙发椅子上,心里很难受。他俩先是一笑,大概是笑我胡说是他们"赶我走",然后又默默地望着我,他们是能理解我的心情的。

我要离开复旦,离开给我大恩大德的母校了!我不会忘记,无论是在读大学期间,还是以后当教师期间,她都高度地信任我,悉心地培养我,让我从一个幼稚的中学生成长为教授,从共青团员变成了共产党员,让我懂得了怎么做个知识分子、怎么做人！我不会忘记，每当我生活中遇到困难，而我又不习惯向领导提要求，每次都是她主动向我伸出了有力的温暖的手。有一次中文系党总支书记到我家来看我，见到我家4口人，住房只有不到11平方米，非但没有书柜、书桌，连床都无处放，只能打地铺。他立即向党委汇报，党委知情后，很快增配给我一间22平方米的房子，比原住房增加了1倍！这是非常罕见的。1979年，我的女儿做心脏手术，欠了医院1200元。这在当时是笔数额很大的欠款，我即使不吃不喝，也要几年才能还清这笔债。我至今仍不知道是谁向党委作了汇报，据说经校长和党委讨论，打破常规，立即派人到医院，请求医院免去我400元，再补助我400元，又"借"给我400元，我欠医院的债就这样一次性还清了！而"借"给我的那400元，原说以后从每月工资中扣还5元，但因领导知道我家人口多、收入少，每到节日，常常补助我10~15元，我欠复旦的"债"就是这样"还清"的！

现在我要离开复旦了，但我永远不会忘记母校的恩情！我无力一一报恩，只有在我今后的工作中加倍努力，做出成绩，不负母校的栽培和愿望。我想，这大概也正是母校对我的嘱托和期望。

五、在文学所的岁月

反思群众运动

1990年7月,我怀着依依惜别的心情离开了我在那里工作了整整30年的复旦大学。在一个炎热的上午,我到上海社科院报到,院部发给我一张工作证,编号是"2000"。下午,院领导带我到文学所,与大家见面。从此,我就成了文学所的一员。

所长陈伯海、党总支书记瞿浪(此时尚未办理离休手续)热情而详细地向我介绍了文学所的情况,我又家访了许多已离退休的老所长、老干部和老专家,并约谈了大多数在职的研究人员和科辅人员,很快便大致了解了文学所的历史和现状,了解了一些人的科研特色和性格特征,给我留下良好的印象。但是有人的地方就有矛盾,我和这里的同仁虽然都是同行同业,但是矛盾的普遍性、复杂性在这里也是同样存在的,我必须面对现实,摆正我的工作态度。以前,当领导要我干这干那,我可以推三阻四,现在我已接受了组织上的任命,我就必须全力以赴,和同志们一起,群策群力,克服重重困难,把工作做好。

我到文学所后,遇到的第一个棘手的工作就是所谓"讲清楚"活动。在1989年春夏之交的政治风波中,文学所和社科院的其他部门一样,也有不

◉ 合作过的上海社科院文学所几任正副所长;左起为王文英、陈伯海、邱明正和蒯大申

◉ 20世纪90年代前后,上海社科院文学所党总支几届正副书记合影

少干部、群众介入。党委要求组织大家学习文件,提高认识,让介入者"讲清楚"当时的情况和现在的态度,再根据每人"讲清楚"与否和自我检查的程度,决定处分与否。我刚到文学所时,就发现有人对我"敬而远之",以为我是被派来整人的。我约他们谈话,也是有问才答,或者含含糊糊,说自己只是"随大流",更不谈及具体的活动情况;有的人还吞吞吐吐,否认自己曾介入那场风波;而有的人则表示介入这次风波是严重的政治错误,应该给予处分,领导干部介入的,应该撤去领导职务!我在和他们谈话时,一般不立即表态,不附和,最多讲几句要认真学习、提高认识、吸取教训之类的话,更不采取以前惯常的"揭批斗"的群众运动的方式,发动群众相互揭发批判,开斗争会,而是反复组织学习,激发大家的自觉。学习几周以后,我就召开了全所大会,讲了几点看法:①那场风波刚开始时,许多人是支持学生"扩大民主"、"惩治腐败"的要求的。我那时也是支持的,只是不赞成他们采取的静坐、示威乃至绝食等方式。②风波越闹越凶后,小道消息满天飞,有的人就像在"文革"时期一样,不明是非,不辨真伪,盲目地参加了签名、游行,犯了错误。③像这么大规模的学生运动,西方反华反共势力和国内的敌对势力必然渗入、加以利用,改变了运动的性质。④在我们文学所,不要以介入与否论优劣。介入的人未必是坏人,因为他们中许多人是出于关心国家大事,只是受到了蒙蔽和挑唆,做了错事;不介入者也未必比介入者好,如果此人对国家、人民的命运抱冷漠的态度,老是说"与己无关,关我鸟事",这又有什么好?⑤介入的人无论深浅,只要不是蓄意反党,通过学习提高了认识,讲清楚了当时自己的行为,吸取了教训,坚持拥护党的领导,拥护社会主义道路,就不再追究,也不要再背思想包袱,而要轻装上阵,做好自己的本职工作。在这次"讲清楚"活动中,我们没有批判一个人,更没有处分任何人。

我之所以这样处理,一是基本贯彻了上级指示,没有像有些地方又用"文革"的方法搞什么揭批斗;二是对那场风波作了具体分析,不赞成把"板子"打在受蒙蔽的群众身上;三是我对所谓"群众运动"进行了反思。以前有一种流行的观点,认为"群众运动是天然合理的","是推动历史前进的最大动力",我曾相信过这种观点,经过"文革"和这次风波,我对此产生了怀疑。

首先,什么是"群众"?我们通常都是把它同"人民"联系在一起作为褒义词来理解的,即马克思主义所讲的人民群众或人民大众,是历史的创造者。所以主张要有群众观点,要走群众路线,要相信群众,依靠群众,为人民群众服务。但是,"群众"又是个中义词,是与干部、领导或官员相对应的群体,不同时代、民族、阶级、阶层、集团有不同的群众,他们对国家、社会、经济、政治、文化有不同的观点和态度。同时,群众有贤愚、高下之分,有不同的思想、品质、认知,不同的利益诉求,对历史进步也起着不同的作用。正因为如此,在强调依靠群众的同时,还要教育群众、团结群众。如果我们仅从正面、积极面理解"群众",为何还要教育群众呢?为什么在历史上有许多群众的诉求、行为与历史前进的要求、规律背道而驰呢?群众中有英雄贤达,也有流氓、无赖、寄生虫、怠工者,难道能依靠这群群众来推动历史前进?所以,我认为只有被正确思想所武装的广大群众,才是推动历史前进的广大人民群众,才是任何力量也无法战胜的伟大力量;而被错误思想和错误路线所笼罩的群众,只是一批"群氓",很容易成为反动统治者和野心家、阴谋家所利用的工具。他们不是依靠和服务的对象,而是被教育和改造的对象。

那么,什么是"群众运动"呢?我们通常的说法是指人民大众为实现其政治、经济、文化目的而组织起来进行具有一定规模的持续的革命运动。显然,这也是褒义词,是从正面、积极方面理解的群众运动。但是,如果我们回顾一下"反右"、"文革"以及历史上许多起了巨大破坏作用的群众运动,仅仅从正面去理解就值得怀疑了。

我觉得,从历史上看,群众运动有多种类型和不同的性质,不应一概而论。

(1)有正确的思想指导,有顺应历史发展要求的合理的正义的目的,有英勇斗争行为的人民群众所进行大规模的革命运动、生产运动,如中国的"五四运动"、"一二·九运动"、"增产节约运动",美国的独立运动,俄国的十月革命运动等,才是真正意义上推动历史前进的运动。

（2）群众受残酷压迫剥削，揭竿而起，呼啸反抗，形成浩大声势，但是并不代表先进生产力、先进文化，反而破坏生产力，摧毁文化，形成历史悲剧，如秦末农民起义、李自成起义、太平天国运动、义和团运动等，都以失败告终，有的还成了文化的罪人。

（3）群众有合理的要求，想尽快改变落后、挨打的处境，掀起轰轰烈烈的运动，但超越时代，不顾历史条件的盲动，结果反起破坏作用，动机和效果、动机和手段严重矛盾，如"大跃进"运动、"人民公社"运动等。

（4）群众有合理的目的、要求，群情激昂，义无反顾，却被人所利用和扭曲，成了野心家、阴谋家的工具，改变了运动的性质，反而祸国殃民，如"文化大革命"运动、1989年春夏之交的政治风波。

（5）群众有合理的要求汇集在一起，却与另一些群众的利益发生了冲突，各以自身狭隘的利益形成对立的派系，相互斗殴、残杀，如农民起义中各派别之争、"文革"中的派系之争，弄得两败俱伤。

（6）某些政治家、阴谋家利用社会矛盾和群众不满情绪，煽动民粹主义，蛊惑群众，或利用宗教、民族、种族、家族矛盾，散布极端思想，形成轰动一时的潮流，使群众盲目顺从，为非正义的、狭隘的利益而斗争，结果却成了炮灰和历史的罪人。如被希特勒利用的德国民众、党卫军之类，再如"基地"（后有"伊斯兰国"）等极端组织的群众。他们掀起的群众性的运动、或动乱、或暴乱，成了千万人参与的反社会、反文化、反人类的运动。

所以，对群众、群众运动要做历史的具体的分析。我，我们，也是群众，要认清自己的职责、地位、使命，认清群众运动的起因、目的、实质、方向、方式，以理性、理智克服无理性的盲从、盲动。这也就是我常说的"要做明白人，只做正当事"。我在主持文学所"讲清楚"的活动中，正因为我有这样的认识，并且简要地同大家谈过，所以比较平和地完成了任务。

完善制度，约束自我

到文学所不久，我突然有了个全新的感觉：我有权力了！我以前当指导员、研究室主任,主要做思想工作和安排教学,并没有感觉到有什么权力。现在文学所虽然只有几十个人,却是麻雀虽小、五脏俱全。我作为副所长和党总支书记,所里的党、政、学、经样样都要管。往往我每到所长室一坐,就有干部、群众来向我请示、汇报,我倒真像个当"官"的了!对此,我没有一丝一毫的优越感,却有那么一点惊悚感:我是一个学者,千万不要变成一个沉湎于事务甚至热衷于抓"权"的官僚啊!同时,我还想到有的人混到一官半职,便颐指气使,甚至大胆妄为,贪赃枉法。我认为这不仅是政治、法律或道德品质问题,首先是个智慧问题:小有得势就得意忘形,乃至为了区区小利,偷偷摸摸,轻则遭人唾骂,重则身败名裂,何其蠢也!我常告诫自己:我的名字叫"明正",不仅要做政治上的明白人,而且在做学问、做党政工作上也要做明白人,这就是我常说的"治学求明理,处事谋正道",做学问是为了探明事因、事理,处世、处事则要有规矩、有准则。现在就是一个严峻的考验。所以我首先想到的就是分权、放权,在所长以及各职能部门干部分工时,就明确指出这既是分工分责,又是放权分权,要各司其职、各施其权、各负其责,避免权力过于集中在一两个人身上。同时,我们已意识到,分权、放权以后还要管起来,要制订和完善一系列规章制度,既使工作有序,又用以管束干部,首先是约束我们自己,绝不让权力冲昏我们的头脑。

经与所长、所长助理、总支副书记、办公室主任等反复研究,文学所制订了一些新的规章制度,修订了一些原有的制度。

一是工作会议制度。目的是群策群力,集思广益,防止所长、书记独断专行。主要包括:①所长办公会议制度,处理各种日常工作;②党总支委员会会议制度,分析思想状况,组织学习;③所务委员会会议制度,商讨全局性、方向性、政策性问题和某些重大举措;④全所大会制度,传达学习重要文件,讨论工作计划、总结,商讨、部署、落实有关全所的重大举措;⑤民主生活会制度,主要检查干部的工作态度、工作作风,听取群众监督。通过这些不同层次的工作会议,既便于统一思想和行动,又可以发挥主要负责人的主导作用;既可以将目前工作与长远目标结合起来,使各项工作有条不紊,而且便于听取各种意见、建议,及时改进工作。

二是学习制度。含专业理论学习、广博知识学习和时事政治学习,目的是提高关注社会现实的自觉性,丰富知识结构,提振科研水平。

专业理论学习主要通过课题研究和参与所内外、院内外各种学术讨论以及培训、考核等方式,提高科研能力,对不同层次(尤其是工农兵学员出身的)科研人员还可以用轮流进修、脱产进修、派出进修等方式,集中学习专业理论知识,提高研究水平。

由于各个学科愈来愈具有综合性、交叉性、边缘性,那种自给自足的封闭的学科已经不复存在,因此我倡导"多读课外书"、"超越本专业"、扩大知识面、"专"与"博"相结合。我还常批评两种"与己无关"论:一种是埋头本专业,对相关学科不闻不问,甚至不了解本专业与其他学科的关联性,弄得知识贫乏,一问三不知;思路狭隘,老在本专业内几个概念上兜圈子。另一种"与己无关"论是一心钻研业务,不关心国家大事、世界形势,不了解时事政治与本专业的关联性,尤其是不理解时事政治与自己安身立命的联系。所以我们坚持时事政治的学习制度,但在具体安排上要做相应改革,无需按照原来规定的每周集中两次学习。我认为科学研究需要集中精力、思维连贯,而每周两次(天)集中学习,消耗时间和精力太多。而且我还注意到每周两次集中学习时,由于没有太多的新内容,大家便闲聊,传"小道消息",既浪费时间,又影响情绪,"学习"的效果适得其反。所以我们改为每周只集中1次,并要求必须有重要的新鲜的、便于大家思考和讨论的内容,或请所内外专家作专题报告。在集中的这一天,还可以举行各研究室或全所性的学术讨论会以及民主生活、党员组织生活等。总之要力求实效,避免空谈。刚开始时,院领导曾批评我不遵守院里制度,经我解释和院领导调查后,便接受和推广了我们的安排。

三是人事制度。我兼任党总支书记,是人事、组织工作的主管。我的目标是公开、公平、公正,让全所人员各安其位、各尽其才。有一件事,我至今仍记忆犹新。1992年,上海社科院压缩编制,规定文学所压缩25%,即现有64人中有16人要下岗或转岗。这是个十分艰巨的任务,处理不当,将影响许多人的前途,引发各种各样的纠纷,对文学所科研和各项工作都会产生消极的影响。而处理得当,则精简了机构,可以提高科研、工作效率。我初步酝酿了几个方案和步骤,召开所长办公会、总支委员会和所务委员会会议,反复研究,修订方案。大致有以下几点:①当院领导作出决定后,我立即在所里"吹风",让大家有思想准备,让原先已准备调离上海社科院、文学所或准备出国进修的人赶快行动。②组织形势学习,认清全国、上海许多部门都在调整机构,都有人上岗、下岗,压缩编制并非上海社科院所独为,此乃大势所趋,无可怨怼。③对已到离退休年龄或欲病退的人员妥善办理离退休手续。④明确留岗与下岗的标准:不以职称高低、学术成果多寡、工作态度良莠决定去留,更不以年龄、性别和来自何处为标准,而是以今后科研、工作需要为原则,以免相互猜测、比较而引发纠纷。⑤不采取在各研究室划定下岗名额和"抽签"的办法,而是撤销两个与院部机构重复的资料室、文印室,既精简机构,又减少人员。⑥反复重申不以所长、书记或其他负责人的个人好恶、亲疏决定去留,而是经过所务委员会反复讨论,对每个可能下岗的人进行仔细分析,然后再集体作出决定,避免徇私、说情、个人专断等不良行为。⑦对决定下岗的人,不一推了之,而是尽可能帮助他们转岗,文学所要向每个人负责到底。

经过几个月的集体努力,文学所压缩编制25%,即16人离岗的任务基本完成。到最后实际上只有4个人下岗,其余12人都有了合理的安排。为了安置这4位下岗者,我向党委和其他单位进行推荐,他们不久也都转岗成功。令人欣喜的是,在这个压缩编制的过程中,没有发生过公开的争执、纠纷,没有听说过有人送礼、说情、"走后门",也没有听说过有人对所长、书记等主要负责人有什么怨言或流言。究其原因主要是限制了干部个人的意志、私情和权力。我作为主要负责人,在主持各种会议时,从未提出或暗示去或留某人,全由所务委员会反复讨论作出决议后,才作出最后的决定。这件事给我一个启发:负责干部秉公办事,群策群力,不徇私,不独断专行,非但可以事半功倍,搞好工作,而且可以避免自己信誉扫地,被人当面或背后指斥。这真是何乐而不为呢?所以后来凡是有人要离职或引进人才,我都在所长办公会议或其他场合提出,经讨论后才作出决定。

四是财务制度。我的目标是财务清晰,财尽其用,并用规章制度约束干部,制止以权谋私。20世纪90年代,文学所的经费十分短缺(我曾多次开玩笑说:"我当了10年的穷所长!"),必须制订严格的制度,防止财务漏洞,维持正常收支。主要有以下几点:

(1) 规定文学所会计每季度制定财务报表,经办公室主任审定后,报所长审阅,掌握所里经济状况,以便量入为出、防止乱支。

(2) 将国家所拨经费与课题费分列,报销宽严有别。凡申领国家经费的,需经所长和办公室主任二人审批;凡申领课题经费的,因该经费是由课题组努力争取来用于科研的,所以只需课题组负责人申领,办公室主任签字,其他人不得干预。

(3) 所长、书记报销,需有另一所长或书记与办公室主任二人审批、签字,方可领取;总支委员、所长助理、办公室主任等人报销,需由所长审批,目的是为了限制干部尤其是我的权力,不容许干部利用职权违规犯错。我认为这才是真正的爱护干部,也是真正的爱护自己。我担任文学所主要负责人10年,只有一次到天津出席全国各社科院文学所所长会议,才报销了差旅费,平时参加市内学术活动,从来不报销车费、餐饮费等。我因出版专著《审美心理学》和发表多篇相关论文,被设在美国的国际经验美学学会所认同,学会曾连续3次发来邀请函,邀请我参加分别在新加坡、布拉格和罗马召开的经验美学国际研讨会。其时我正主持一个国家项目和一个上海市重点项目,可以支配课题费十多万元,但是我一分钱也没有用,都按比例分给课题组成员,也没有动用"所长基金",或向院、所申请出国出席学术会议的经费,结果3次都没有去。我虽然有点惋惜,却心安理得。

(4) 奖惩制度。目的是伸张正气,奖勤罚懒,调动大家的积极性、创造性。按规定,文学所每年年终都进行考核,曾有一个人因连续几年拿不出科研成果,他是我以前的老同学,我仍交由学术委员会、所务委员会评议,决定让他提前退休。而成绩优秀者则给予精神奖励和物质奖励。文学所经费太少,每到年终评奖时,常捉襟见肘,有一次竟然到了凑不足所需金额的地步!那一年,文学所有8个人获得了院部的奖金,我也是其中之一。为了缓解经费困难，我在所务会议上轻描淡写地说，我已拿了院里的奖金，这次不参与所里评奖了。谁知我这么一说，其他7位获得院里奖金的人也纷纷表示不再拿所里的奖金。我听了心中一乐："好！你们高风格，帮助所里克服了困难！"但我忙声明，"这是我个人的意愿，你们无需这么做"。他们说："你不拿，我们也不拿！"我也就默认了。当时我觉得这样很好，过后想想这其实是不对的！他们对所里有贡献，再拿所里的奖金合情合理，怎可因我表态不拿，就让他们也跟进呢？从处理方法上说，我也应该暗中自定不拿，但不应在会上公开说出来，否则倒像是故意启发和动员他们不拿应得的奖金了。

（5）用车制度。陈伯海和我是正副局级干部，院里为我们配备了一辆车。我规定：此车只准正副所长专用，其他人若有急事必须用车时，需经办公室主任审批；至于我个人用车，我的规定是只有上下班，外出参加公务会议，探望院里、所里的患者或我自己生病跑医院，方可用车。我个人办私事，包括参加学会、协会的学术会议，都不得用车，更不许家属用车。十多年间，我和陈伯海都这么做了。除此之外，我还有过一个很特别甚至有点古怪的规定：驾驶员开车来接我时，我都让他离我家门口有一段距离的地方停车，而且是我等车，不让车等我。为什么要这么做？这可能是我的性格使然，喜欢反其道而行之。原来不久前我从报纸上读到一则小品文：在一个炎热的傍晚，旧式里弄的居民纷纷到狭窄的弄堂里坐着、躺着纳凉，这时弄堂口开来一辆小汽车，不断按喇叭，逼得居民们不得不忙着搬椅子、桌子让路，汽车徐徐开进后，邻居们才看清里面坐的原来是某单位的一个副科长，他公车私用，在向邻居们炫耀自己坐上专车了！我读了这个小品，嘴里不禁吐出一口冷气，也和那些居民一起笑骂一声"蠢货"！

这些制度订立后，执行情况良好，我本人也严格执行。有一年我被院里评为"优秀党务工作者"，不知是否与此有关。大概是1996年，市委组织部、宣传部派人到上海社科院来考核干部。当考核我时，我除了汇报所长工作、党总支工作外，也简要汇报了主持制定制度和严格执行制度的情况，与会的几位所里的同仁作为群众代表还举了实例评析我的严于律己。市里来的几位干部听了很感动，说："我们的干部如果都像邱老师这样就好了！"

开门办所

我认为搞科学研究必须有"板凳一坐十年冷"的精神和定力,要甘于寂寞,潜心学术,力戒浮躁。但是也要改变闭门造车的思维方式,力戒"两耳不闻窗外事"的旧文人习气和傲视方物的"名士派"作风。作为20世纪末的上海社科院文学研究所,既不同于古代的书院,又不同于现代的大学中文系。它必须更加关注社会、研究社会、介入社会,研究文学、文化与社会生活的关系,为现实社会服务。所以,我力主"开门办所",向社会觅取资源和灵感。其内涵主要有下列6个方面。

一是倡导密切关注和深入研究当前文学、文化发展态势及其实践中提出的新问题。要洞悉文学、文化研究的新进展,关注学界的新动态,即使是古代文学研究,也要增强其现实感、当代性,所以经常以研究室为单位,或全所,或与文艺团体合作,探讨当前文学、文化"热点"问题,并曾发起、主办过多次全国性、国际性学术研讨会。

二是走出深院,开展社会调查,从现实中找课题、找资源、找论据、探究竟。这种调查除广阅书刊典籍、搜索史料、探求规律外,尤重田野调查。如到江浙乡村、小镇调查江南民俗的发生和遗存开发,完成江南民俗文化研究系列;到文化事业、企业、部门、剧场、书店调查文化产业、文化市场发展的动向,探讨发展的方略;到文学艺术书刊、图书馆、文化馆等处调查文艺批评、文艺鉴赏的现状及其走向,提出发展文艺评论的意见……这些都有助于克服仅从书斋讨生活的局限性,开阔了眼界,激活了思路,提高了科研质量。

三是加强与兄弟单位的联系与合作。经常与大学中文系、作协、文联、社联以及市内外、境内外各种文学、文化协会、学会、研究会开展学术交流活动,或与它们合作研究。例如,与大学中文系合作培养研究生,与上海市作家协会合作创办《上海文学》(后改为《上海文化》)杂志,与上海美学学会合编美学辞书,与民俗文化研究会合作江南稻作文化研究,与古典文学学会合作举办学术研讨会,等等。文学所着重文化研究以后,更加强了同文化企事业的合作。这种合作可以取长补短,可以广纳信息,可以交流学术,是开门办所的必经途径之一。

四是沟通文学所与领导部门的联系,主动取得他们的指导和帮助。上海社科院归属上海市委宣传部领导,更需要与宣传部建立起十分密切的工作关系。我在文学所任职10年,除了多次应召或应邀出席宣传部召开的工作会议或若干中小型专题座谈会外,还经常主动登门拜访、协商或求助,几乎成了宣传部的"常客",几位部长、副部长、文艺处长差不多都成了我的朋友。在与他们的交往中,我没有感受到那种令人厌恶的"衙门"作风,却形成了两个令人快意的"体验"。一个是我和他们交往、交谈,既以"下属"的身份向他们请示、汇报或请求帮助,表现出对上级、对领导应有的尊重;又以"学者"、"朋友"的身份,和他们袒露心扉,畅所欲言,发表自己的意见,提出自己的要求,形成一种相互尊重、彼此友善的良好氛围。第二个体验或经验是要在工作中相互协作,相得益彰。我们文学所经常要举办一些大中型的学术研讨会,但经费奇缺,寸步难行,亟需宣传部及其所属基金会的指导和资助。可是我们又不能"等、靠、要",老是单方面地请求援助,伸手要钱!而是以协助宣传部开展工作的姿态,向他们提出建议和要求。例如,我们想举办全市性的大型文艺理论研讨会,而宣传部又正要开展纪念毛泽东《在延安文艺座谈会上的讲话》和学习、宣传邓小平文艺思想的活动,于是双方一拍即合,经过周密协商、分工合作,由宣传部提出主旨、要求,出资主办,由我们文学所协办了几次大型的纪念会、研讨会,还由我责编出版了两部论文集。在这种合作中,双方都获得效益。在20世纪90年代,文学所举办的其他大中型学术研讨会,几乎都是这样办成的。

五是鼓励、支持文学所科研人员积极参加院内外、市内外、境内外各个学科的重要学术会议。要求凡是外出参加学术活动的,除了"带耳朵",还要"带嘴巴"、"带论文",积极投入学术讨论和论争,发出文学所的声音,而不是跑去当一个"听众"。回来以后,若有重大的热点学术问题,还必须向所长、室主任乃至全所传达,关注学术前沿,促进学术发展。此外,我还鼓励、支持研究人员参加院内外、市内外、境内外的各种学术团体,如各个学科的学会、协会、研究会、沙龙等,并鼓励和推荐他们在这些学术团体里任职。1999年,我曾粗略统计,全所约有2/3的研究员,在学会、协会、研究会里任会长、副会长、顾问等职,而在正、副研究员中任"理事"的则更多。有几位资深研究员还同时在多个学会、协会中兼任职务。我认为文学所科研人员在各种学术团体中任职越多、越高,越说明文学所与学术界、文艺界、教育界、新闻出版界,乃至工商界的联系越广泛、越深入,学术地位越高,发挥的作用越大,知名度也越高,而我这个所长也就越有光彩!为了鼓励、推荐文学所科研人员参加各种学术团体、学术活动,并任各种职务,扩大文学所的社会影响,我可以说是不遗余力,常利用我在某些协会、学会、研究会中的任职,推举文学所人员参加该团体或兼任某种职务。这大概是我的成就观、荣誉观的一种表现,有一次在全所大会上,我曾感慨地说:"我反对'武大郎开店'式的小肚鸡肠,如果文学所科研人员个个都当上学会、协会的理事、会长、主席,甚至当上'院士'、'院长',我即使为大家倒茶抹桌子,也心甘情愿!"这话当然有点夸张,还有点像说笑话,但也是实情。

◉ 1997年,赴天津出席全国各地社科院文学所所长会议

六是举办各种类型、不同主题的大中型学术研讨会,活跃学术空气,探讨重大理论问题,扩大文学所的社会影响。正如前文所述,由于得到市委宣传部的指导和援助,得到上海社科院领导和其他部门的支持和协助,我在文学所任职的10年中,曾发起、组织、主办过4次全市性,或全国性乃至国际性的大中型学术研讨会,还协办过4次,合办过2次,计10次,平均每年一次。其中影响较大的有1991年以上海社科院"东西方文化比较研究中心"名义,实由文学所主办的"莫扎特逝世200周年纪念会"和1992年举办的"赛珍珠诞辰100周年纪念会",都在新锦江大酒店举行,由中心秘书长陆海明同志策划,我主持并作主题报告,每次出席者都有中外专家80人左右,当时报纸上曾做过报道。1993年,我们与浙江省桐乡市合作,在桐乡举办"新时期文学走向"研讨会,有上海、外地文学研究者多人出席,这是我们第一次在外地主办研讨会。1999年,在市委宣传部支持下,在建国宾馆举行了"文化产业"国际研讨会,出席者有上海、外地和外国专家60多人。这是上海可能也是全国较早举行的专门研究"文化产业"的学术会议。

◉ 1999年,主持国际性"文化产业的发展和管理研讨会"

最出乎我的意料的是，2000年，全国马列文论学会突然派人来找我，建议和我们文学所联合举办一次年会。我是该学会会员，但未担任职务。早在1982年我在黄山出席该学会第一次全国代表大会时，学会曾要求复旦中文系推荐一人担任该会理事或副会长。当时我是中文系文艺理论教研室主任，曾组织编写、出版了《马克思、恩格斯、列宁、斯大林文艺论著选读》，我写了近一半，并且主讲过这门课。但我不习惯于"毛遂自荐"，便推荐了也参与撰写《马克思、恩格斯、列宁、斯大林文艺论著选读》的应必诚同志。此后我很少参加该学会的活动。2000年，该学会希望在上海举行年会，所以来和我商量，实际上就是要我们操办。当时我们在财力、物力、人力上都很困难，但我想到这个学会及其正副会长在中国文艺理论界都很有声望，他们每两年举行1次全国性年会，从来没有到上海举行过。这次他们要到上海来举行"面向新世纪的马列文论研究"讨论会暨第17届全国年会，我觉得我们上海、我们文学所应当义不容辞！于是我便向市委宣传部申请资助，终于在社

⊙ 2000年，在上海社科院文学所与全国马列文论学会联合召开的学术研讨会上致开幕词

科院分部举行了大型研讨会,出席者有80多位来自全国各地的学者。

这些研讨会既活跃了文学所的学术空气,开拓了视野,走向了学术的前沿,又广交了学界的朋友,扩大了文学所的影响。但是在我组织和参与各种学术研讨会的过程中,却遇到过几次非学术性的令人啼笑皆非的事情。有一次我们和某领导部门合作举办一个较大型的研讨会,在第一天的开幕式上,那位领导部门派来的干部不仅在会场台上安排了长长的主席座,放了十几张席位卡,让领导们按卡就座,还在台下与会者座位上也放了许多席位卡,让与会的专家们也按官衔、职称、声望就座。我很不以为然,认为这是学术会议,不是官方的工作会议,出席的都是专家、学者,应一律平等,何必分什么贵贱、高低,便让文学所的会场负责人把会场里所有席位卡通通撤掉。这位负责人很为难,说他也不赞成这样安排,但那个领导部门来的干部坚持这样做,而且会议的经费是领导部门出的,所以只好听他的。我一听有些气恼,但又无奈,只好让他留下主席台上的席卡,撤去台下的席卡,让大家随便坐。

我曾是某研究会的"理事",几次去参加该研究会的学术研讨会,发现那里非但设主席台,放了长长一大串的席位卡,上面坐的都是领导干部或早已离退休的老干部,而且还常请他们按官阶大小依次"讲话",讲的又大多是很少有"学术味"的官话、套话。我觉得这种研究会官场习气太重,以后便不再去出席这样的会议了。还有一次我应邀出席另一个研究会的海派文化学术研讨会,发现主席台上坐了十几个人,除了主持人是学者外,其余的都是官员,台下前3排也有席位卡,坐的却都是我不认识的不像是学者的年轻人。这倒引起我的"兴趣",偏要找找看,这个"学术研讨会"的会场里,究竟有没有学者。我仔细搜寻,才在第四排的角落里发现了徐中玉、钱谷融两位老先生!我气得差一点要找邀我与会的这个研究会的负责人,把他痛骂一顿!但他在台上没法找,只得闷坐了几分钟,就愤愤然离场了。刚走到会场出口处,就有一个人拦住我,说散会后有宴席,还有礼物,请我出席宴会后再走。此时我那一直忍着的笑终于憋不住了,"嗤"地一笑便拂袖而去。过后才知道这是该研究会与上海某个区的某个局联合召开的"研讨会",台上坐的都是这个局的处级、科级的"领导干部",台下前3排坐的则是该局和下属单位有点官衔的工作人员,所以我们尊敬的老师学界泰斗徐中玉、钱谷融先生只好委屈一下,坐在第四排的角落里了!

这几件事情令我反思学界与官场的关系。搞学术的有时需要得到官场的指导和帮助,官场也需要搞学术的给予智力的支持。但是,学术会议是学术的研讨会,不是官场的工作会议。出席学术研讨会的都是学者,没有尊卑、老少、男女、资历、职称之分,大家应是平等的。"高贵者"、年长者、资历职称高者,在学术研讨时未必在任何问题上都比资历浅、职称低的年轻人强,非但座位不要分高低,发言也无需分先后,大家各抒己见就是了。分了高低、尊卑,难道年轻人、资历浅、职称低的人,在学术上也要"服从"地位高的人?笑话!至于当官的人,他可以在官场上按官衔论高低,但是在学术会议上,他未必是专家,甚至还未必懂行,坐在学术会议的主席台上,不得不讲几句不咸不淡的套话,否则他自己都应该觉得无趣。如果因为并非自掏腰包而是以国家政府的经费资助了某学会或某研讨会,便自以为有权在学术会议上指手画脚,这就更加缺乏自知之明了。

遇上以上这些尴尬事,常使我回忆起我多次参加的由市委宣传部主持的评奖会、审议会和文学艺术评论会,在那里很少有长官意志,都是由学者评议。尤其令我怀念的是20世纪90年代,我参加上海中长篇小说评奖的终评委活动时的情景。在这个11人的评委里,有蒋孔阳、徐中玉、钱谷融等前辈学者,有陈思和、王晓明等年轻人,更多的是李子云、潘旭澜、徐俊西和我这些中年人,是师生同座,可谓"三代同堂"。但我们讨论时都是"圆桌会议",没有什么主席台。徐俊西是上海市委宣传部副部长,是讨论会的主持人,但他是以一个学者的身份参加讨论的,大家畅所欲言,各抒己见,相互切磋,还常发生争论,会后还把每个人的发言都发表在报刊上,完全没有长幼、上下、尊卑之分,这不是很好吗?如果在学术讨论中,还按长幼、上下、尊卑而论资排辈先后发言,那还叫什么学术讨论呢?倒有点像旧式大家族在祠堂里祭拜祖宗那样按辈份、长幼、上下的次序叩头了!

倡导科研方向"转型"

1990年夏天,我到文学所后不久,就发现一个问题:文学所和大学中文系太相像了!在建制上同样有文艺理论室、中国古代文学室、现当代文学室、外国文学室,只多了个"新学科室",还是新建不久的。在研究方向上,大多是文学史研究,也没有完整的系统。大学有文学通史、文学批判史、近现代文学思潮史,文学所只有局部的断代史和少量专题研究,如唐诗学、宋代词学和"孤岛文学"研究等。在作家作品研究方面,大学研究一流作家作品,我们主要研究稍逊一些的作家和他们的一些代表作品。在文艺理论方面,大学研究古代、外国文艺理论,当代文学思潮,文学批评,尤其注重美学研究,文学所只研究某些专题,而且很少参与当前的文艺评论……所以文学所在文学评论界、文学史界没有大的影响和地位。也就是说,文学所没有鲜明的特色,没有明显的优势。在我看来,没有特色就没有价值、没有竞争力,而没有优势就没有地位、没有生命力,就是随时可以被别人所取代!

我对上海的文学研究队伍做了粗略的分析,发现在上海几所高校、新闻出版系统和文艺部门,从事文学研究、文艺评论的就有近千人,其中知名、著名的文学史家、文艺理论批评家,就达200多人。此时文学地位已不像以前那么显赫,正在逐步趋于边缘化,单单上海就有这么多人研究文学,其前途、出路究竟如何?更让人焦虑的是,文学所才建所十多年,学术积淀比较薄弱,虽然有几位有影响的专家,如陈伯海、徐佩均、瞿世镜等,但都已逐步进入老年,正担忧后继乏人,所以在科研队伍的"梯队"上,出现了明显的中间"断档"和"青黄不接"现象。同时,文学所建所时是通过考试招进人的,有的人考试合格,但研究能力不强,个别人甚至拿不出像样的学术研究成果。也就是说,文学所的科研队伍还远不尽如人意,所以在科研项目上,很少有国家级、上海市级的大项目。项目少了,经费也就显得十分拮据。难怪当社会上流传"社科院可能要取消"的流言时,所里许多人都感到恐慌,常议论纷纷,到底是底气不足啊!

面对这种状况,应该怎么办?首先我觉得,士气可鼓不可泄,要稳定情绪,振奋精神。所以我一再对大家说:"只要我们的研究适应社会的需要,做出我们的贡献,就不可能被取消或被替代。""命运有一半掌握在我们自己手里,只要我们办出特色,文学所就有地位,我们大家也有地位!"于是我们提出"和衷共济,奋发有为"的口号,号召大家想办法、出主意,改变我们的面貌,变被动为主动。同时,我把我的思考和忧虑与陈伯海商议,他和我有同感,都认为再不改革不行了。我们又把这种思考提到所务委员会上,大家也认为是应该改革了。但是怎么改革呢?前一阶段,我们进行了一些制度改革,但那只是为科研提供了良好的环境和条件。我们的中心任务是科研,而我们的弱项又正是科研,所以,我们的改革必须从改革科研的方向、内容、方式上着眼、着手。如果我们在科研改革上仍走老路,小修小补,仍然只限于对文学史研究,对现实问题、实践问题不闻不问,非但不能赶上那些重点大学,形不成特色、优势,而且也不适应社会的需要,所以,要改革就必须开辟新路,而且要有"只争朝夕"的精神,不能等待、观望。但又不能操之过急,因为我们都是从大学里来的,对于科研方向的改革,我们也没有经验,也是"摸着石子过河",而且我们的知识结构、思维定势有些固化了,不太适应这种改革,有的人对于科研方向的改革,还有诸多顾虑。

经过反复的思考和讨论,我们先提出一些设想、步骤、措施,然后逐步深化。

一是提出"基础研究要加强实践性、现实感;现实性、实践性研究要加强理论性、系统性"的要求。对于原先从事基础研究又有若干特色的,如唐诗宋词研究、英国文学研究、马列文论研究、民俗文化研究等,要加以巩固和发展,但要关注现实问题,努力实现古为今用、洋为中用;对于原先从事现当代文学研究的,要加强当前的文艺评论,时时发出文学所的声音,并且组织人员研究现实中提出的重大问题,利用文学所和上海市作家协会合办的《上海文论》以及其他报刊,发表文学所人员的评论文章。

二是开辟文化研究的新途径。90年代初,中国的"文化热"方兴未艾,报刊上发表了许多文化理论、文化史、文化建设等方面的文章。据知当时

"文化学"还没有形成独立的学科,国内似乎还没有一个专门研究文化问题的科研院所,对于刚刚兴起的文化产业、文化市场等更是少有人问津。我认为我们可以立即着手和加强文化研究,抢先站在"起跑线"上,形成我们的特色和优势。尤其重要的是,国家十分重视文化建设,亟需理论支持,我们作为科研院所,应该首当其任,义不容辞。于是确定将已开始的文化产业、文化市场研究和江南民俗文化研究等,纳入文学所重点研究项目的范围。同时还克服种种困难,陆续引进了学有专长的蒯大申和几位博士,后来他们都成为文化研究的专家。与此同时,我还向上海市有关领导提出率先建立"文化学"新学科的建议,含一般文化理论研究、文化史学、文化形态学、文化创造学、文化生产、产业、市场、传播、消费、交流学等。建议经过几年的文化理论、实践的研究,能够写成《文化学概论》之类的专著。后来"文化学"已初步成型,但《文化学概论》因我们的文化研究刚开始不久,还缺少这方面的人才和资料,我的这个梦想未能实现。

三是加强上海文学、文化研究。在19世纪末至20世纪初和20世纪30年代,上海曾两度成为全国文学、文化中心,在当代也是文学、文化重镇,对中国近代以来的文学、文化发展做出了巨大的贡献,而文学所又置身于上海,着重研究上海文学、文化应是义不容辞。我们既有优越的条件,已有一定的积累,又最容易得到上海有关部门的支持,所以我们决定先组织研究上海近代文学史、上海现代文学史以及"孤岛文学"、"沦陷区文学"等,组织研究上海文化和当代作家作品以及文学流派等,逐步形成上海文学、文化研究系列。经过一定积累,水到渠成后,再组织所内外、院内外专家撰写《上海文化通史》和《上海文学通史》等较大型的专著。

四是调整研究室。由原先6个研究室调整为古代近代文学研究室、现当代文学研究室和文化研究室3个。各室人员的研究方向、课题各有侧重,又相互渗透,交叉合作。

我们的这些设想和举措,都在所长办公室、总支委员会、所务委员会乃至全所大会上,经过反复研究和讨论,才逐步取得一致。有的人还有些顾虑,因为他们原先都从事基础研究,对现当代文学、文化缺少关注,知识结构、思维定势一下子还难以适应,有的人对文化市场、文化产业研究的意义还不甚了然,甚至认为这不是"学问",是"过眼烟云"、没有"永久价值"的东西。经反复动员、学习,大家才逐步统一了思想。

经过两年左右的思考、讨论和实践,直到1994年,我们终于提出了一个较为清晰的办所方向、方针:"现实研究与基础研究并举,文化研究与文学研究并重,以上海文学、文化研究为中心,将文学所办成多功能、多学科的研究基地。"这里提出的两个"并举"、"并重",并非一半对一半、等量齐观,而是同时开展、轻重互移。刚开始时,基础研究、文学研究的分量难免要重一些,同时加强现实性研究、文化研究,经过一段时间努力,逐步强化了现实性研究、文化研究,并转化为以实现性、实践性研究和文化研究为重点,还提出了"对策性研究",到20世纪末、21世纪初,则更重于"新智库"研究。

这一方针提出,并得到有关领导的首肯和所里同仁支持以及院内外同行、朋友的逐渐理解以后,我的内心仍有些忐忑不安,曾不无夸张地感叹:"千秋功罪,谁人曾与评说?"因为科研方向转型后,"文学研究所"实际上已经成为"文学、文化研究所",是不是有名不正则言不顺的问题?想想中国古代,曾把一切用文字书写的书籍文献通称为"文学",还有文章博学、辞章修养的含义,和"文化"有颇多相通之处,以"文学研究所"涵盖文学、文化研究,似乎还说得过去!更让我焦虑的是,在科研方向转型刚确定时,所里真正研究文化的人还很少,课题也不多,我很担心文化研究徒有其名而无其实,尤其是当代文学研究、文艺评论仍然进展不快。但是经过几年同事们的共同努力,逐步增加了文化研究和现实研究的课题,调整和引进了研究人员,加强了与院外相关部门的合作,到2000年在我退休前夕,文学所的文化研究人员和科研项目、成果都已经占到50%~60%。文学研究也有了新的突破。几乎人人都有了课题,有的科研骨干往往一人就同时承担几个项目。有人曾形象地说:"幸亏当年实现了科研方向的转型,否则现在吃不饱课题,要饿肚子了!"尤其令我欣慰的是,文学所除了老一辈著名学者和许多中年知名学者外,还涌现出一大批知名的年轻学者和作家。似乎可以证明文学所科研方向转型这个路子是走对了,是有成效的。

初涉文化研究

我是研究美学和文艺理论的,自从在文学所倡导文化研究、实现研究方向"转型"以后,我不能只说不做,我的研究方向也随之"转型",开始研究文化。

1993年5月12日至21日,上海社科院派我率领一个5人小组,赴香港考察。我们决定重点考察文化问题,访问了几所大学,参观了香港文化中心等文化设施,走访了书肆、影院、公园、商店。发现香港经济繁荣,文化产业、文化市场发达,文化设施先进,通俗文化、休闲文化、宗教文化兴盛,但是精英文化、学术文化却相对滞后。我们参观了几个十分难得的艺术展,如罗丹雕塑展、张大千书画展等,在那里却观众寥寥。我们浏览书肆、报摊,那里出售的大多是武侠、侦探、神怪、秘闻、言情之类的书籍、报刊和"三级片"拷贝。我们感到困惑,香港近年来创办了几所大学,兴建了许多文化馆、图书馆、艺术剧场,为什么人们对精英文化、高雅艺术如此缺乏兴趣和欣赏能力?为此我访问了香港作家联合会主席郑敏之先生,他认为香港人受英国等西方文化影响很深,对中国文化知之甚少;香港近年来教育事业发展迅速,但以往十分落后,许多人文化水平不高,欣赏不了高雅文化;香港人忙于生计,生活无保障,无暇也无精力欣赏高雅文化,只能以休闲文化乃至低俗文化来消遣。他还特别有预见性地提醒:随着大陆经济的发展,要防止精英文化的衰落。他的这些分析以及我们在香港8天的所见所闻,引起我对文化发展与经济发展关系的思考:二者既相互促进,互为前提,又非同步发展,由于经济、政治、文化、历史等种种原因,往往存在不平衡关系;而在各种文化之间也可能不平衡发展,精英文化尤其容易受到经济大潮的冲击。同时,也引起我对当时大陆文化中通俗文化乃至低俗文化抬头,甚至出现所谓"香港化"(仿效香港文化中的糟粕)的势头,而精英文化发展却有所阻滞的思考,便发表了一篇"香港文化状况一瞥"的访问记,既分析了香港文化的特色和近年的进步,又指出绝不能把已被香港有识之士视为香港文化的赘疣,当作我们的宝贝;指出精英文化不会自发发展,呼吁有关当局应当给予大力的扶植,广大群众尤其是知识层应当给予积极的支持,促进精神文明与物质文明的协同发展。可能因为此文是当时较早分析介绍香港文化及其同大陆文化的关系,较早警告防止精英文化的沉沦,曾被《新华文摘》全文转载。

◉ 1993年,率上海社科院考察团赴香港考察香港文化

考察了香港文化及其不平衡关系以后,引起我对上海文化发展态势的关注,发现上海在文化建设与经济建设、高雅文化与通俗文化的发展上也存在不平衡现象,只是不像香港的落差那么大。同时,我还发现在上海文化发展、文化建设内部也存在诸多不平衡,诸如文化硬件建设与软件建设的不平衡,文化生产与文化消费的不平衡,文化活动的投入与对精品文化创作扶持上的不平衡,以及文化建设布局上的不平衡等。我指出这是文化发展、前进过程中难以避免的不平衡,甚至是一种常态,要在"以经济建设为中心"与"两个文明"建设的相互协调中,在正确处理文化建设的社会效益与经济效益的关系中,逐步克服这种现有的和以后新发的不平衡,使上海文化建设在平衡与不平衡的循环往复中螺旋型上升。我将这些思考写成《略论上海文化建设中的不平衡现象》一文,发表于《社会科学》杂志,并在一次大型的文

化建设问题座谈会上发言,作为向有关领导部门的"献言"。

考察了香港文化和上海文化,并阅读了一些关于城市文化研究的论著以后,我开始关注现代都市文化。都市文化是现代文化的核心和基础,在一些发达国家,早已形成研究都市文化的热潮,并且已经建立起"都市文化学"。但在我国却还少有人问津。这引起了我的兴趣,或者说激起了我的"野心":我们能否率先开展都市文化研究,充分利用我们身处上海这个大都市的优势,经过几年关于文化理论、文化实践以及都市文化发展态势的研究,逐步构建起"都市文化学"的思想体系,写成具有中国特色的《都市文化学概论》之类的专著,从而形成"都市文化学"的"上海学派"乃至"中国学派"。我不仅把这种构想与所里同志交流,听取他们的意见,并且初拟了一个《都市文化研究系列》的"草案"或"大纲"。这个大纲含纵、横、垂及其相互结合的立体交叉网络。其中,"纵"主要包含国内外都市文化形成、发展史,都市文化产业、市场、交流史以及国际"都市文化学"鸟瞰等;"横"主要包含现代都市文化与知识经济、高新科技、人文文化的互生互动,文化体制、机制的改革与更新,不同民族、地域都市文化的交流、交汇等;"垂"主要包含都市文化的内部形态,如文化硬件与软件、雅文化与俗文化、艺术文化、科技文化、校园文化、生态文化等。遗憾的是,由于我们的文化研究还刚开始不久,还无力承担这种大型的综合的研究项目,只好留待后人去研究了。

1997年,我从党的第十五次代表大会的报告中,看到关于加强我国"综合国力"的重大理论问题的论述,立即意识到这是文化的价值之所在,是文化工作、文化研究的出发点和落脚点,开始思考文化与综合国力的关系,写了篇未完稿的"论文化发展与综合国力",论证文化对综合国力的显现功能和动力功能,是综合国力的恒常的组成部分。全文分为3个部分,第一部分指出文化以其精神产品构成国民经济、国民财富的组成部分,显现综合国力;以其自身优势和潜力、活力、实力、渗透力,标志综合国力;以其强大的凝聚力、向心力联结民族共同体,显示综合国力。第二部分指出文化更以其巨大的策动力推动生产力的发展,为增强综合国力提供物质基础和精神动力;以其对经济、政治、军事、科技的巨大能动作用,为增强综合国力提供智力支持和精神动力；以其巨大的智能开发力、精神感召力增强国民潜能，为增强综合国力提供无尽的人力资源。这是论文的前两部分。第三部分准备写什么样的文化才能增强综合国力。因为这个问题很大、很复杂，我考虑得还不成熟，难以三言两语说清楚，所以就暂时搁下了。第二天我偶遇《毛泽东邓小平理论研究》杂志主编，他问我有没有"现成的稿子"给他，我说没有，又想起这篇未完成的文稿，他马上说"给我们看看"。我想也好，本来就想听听同行的意见，打开我的思路，便把这篇未完成稿给他看了。过了几天，我去向他索稿，听取他的意见和建议，不料他却笑眯眯地说："早已发稿了，马上就要出版！"我有点急了，说我还没有写完呢，这样发表岂不成了没有尾巴的蜻蜓？他说没关系，你以后再写一篇给我们，不就接上尾巴了吗？我无奈，只好让这没有尾巴的怪蜻蜓去面世了！

不料此文发表后，很快就被中国人民大学复印报刊资料《文化研究》和《国民经济管理与计划》同时于1998年5月号全文转载，接着又被《新华文摘》于1998年第6期全文转载。之后不久，辽宁省有家出版社来函，邀我尽快写一本《文化国力论》专著给他们出版。我因手头有其他任务，又自觉对此问题研究得还不够全面深透，所以没有应承。几乎与此同时，我又接到文化部的邀请函，请我到北京去，在文化部召开的由全国各省市文化厅、局长参加的文化建设研讨会上作专题报告，我修改、补充了原论文《论文化发展与综合国力》，在全体会议上作了"论文化力的增长与综合国力的增强"的报告，除了论述"文化力"的内涵及其增长对综合国力的显示功能和动力功能外，主要补写和讲述了以什么文化来增强综合国力，指出这种文化就是我们正在学习的在中央文件中已作了明确规定的文化，"建设有中国特色社会主义文化，就是以马克思主义为指导，以培育有理想、有道德、有文化、有纪律的公民为目标，发展面向现代化、面向世界、面向未来的，民族的科学的大众的社会主义文化"。我认为这不仅是对我国社会主义文化性质、目标、特征和发展方向的科学界定，而且规定了只有这样的文化，才能增强我们社会主义国家的综合国力，才能使我们国家在国力竞争中处于不败之地。由于与会者是来自全国各省市的文化厅、局长，我在论述文化与综合国力的关系时,又特地讲述了文化与各地"综合实力"的关系,坚持社会主义文化大方向与发展各地文化特色的关系,使报告更切合他们的需要和实际。

我的这个报告受到了文化部部长孙家正、副部长李源潮和与会者的好评,并邀请我参加他们的分组讨论。在讨论时,有的文化厅、局长向我提出一些理论问题,我便尽我所知作简要论述。有一次李源潮副部长也来参加这个小组的讨论,由于我和他都是复旦大学校友,便在小组讨论的间隙,向他提出一个问题:在20世纪二三十年代乃至50年代,我国文化艺术界出了许多大师,为什么现在新出的大师不多?他认为这主要是体制上的问题,大师是在竞争中和不断创新中涌现出来的,现在还缺少这种条件。他还认为大师都有很高的文化艺术素养,现在许多文化艺术工作者正缺少这种素养。现在文化部正着手研究这些问题,这次办学习班就是其中的措施之一。由于会间休息时间很短,我们没有深谈下去。晚上文化部正副部长和两位司长为我们几位受邀专家举行了晚宴,席间交谈甚欢,也没有间歇与李源潮进一步深谈,我有点遗憾。

回上海以后,院领导认为我的那一篇论文和报告稿的论题很有价值,而且已产生积极影响,但对什么文化才能增强综合国力,虽然引用和解读了中央文件中所作的界定,但是说得还不够深透,便邀请时任中央党校副校长的李君如和本院副院长夏禹龙、俞新天等几位专家与我一起讨论,就像"会诊"一样出主意。有的认为应用中央对"中国特色社会主义文化"的科学界定,即我在文化部所作报告中已初步论及的内容,但要更充分深入地阐释"民族的科学的大众的"这三者的内涵;有的主张应从社会主义价值观上来分析;有的认为这种文化应是对传统文化的继承、创新与发展……我认为他们都讲得很好,对我都有启发,也很感谢他们对我的帮助。但是这个问题实在太大了!什么文化才能增强综合国力以及这种文化如何增强综合国力?这是一个综合性极强的大课题,可以从很多方面、很多角度去论述,需要写几本很详实、很深刻的书,才能说得清楚,绝不是一两篇文章所能说清的。所以我只能尽力而为,又写了篇《论文化力对增强综合国力的战略意义》,作为上海市"纪念党的十一届三中全会召开20周年学术研讨会"的参会论文。文中除了再一次补充论述文化对综合国力的显示功能和动力功能外,着重论述了3点:一是建设"现代的科学文化",提高文化的抗衡力、辐射力和对经济、政治的渗透力;二是树立现代新型的文化价值观,提高文化的感召力、凝聚力;三是完善文化制度,为强化文化活力、激发文化创新力提供体制上的保证,从而增强我国的综合国力。此文曾被收进上海社科院的一本文集中。但我仍自觉此文只是从几个有限的角度论述社会主义文化对增强综合国力的意义,尚未从庞大的文化系统、精深的文化精神、丰满的文化实践以及文化创新、文化政策、文化产业、文化交流等方面来论述这个复杂而深邃的问题。这个问题很值得进一步深入研究,但我有其他任务、课题在身,没有继续研究下去,殊为可惜。好在后来在文化问题的持续讨论中,国内发表了许多论著,大多涉及此问题,也不知说清楚了没有。

在文化研究上,我曾遇到一件尴尬的事情。在20世纪80年代,文学所曾与上海市作家协会合办一份理论刊物《上海文论》,曾发起过"重写文学史"、"人文精神"等问题的讨论,有较广泛的社会影响。到了1998年,由于两个主办单位都经费紧缺,使《上海文论》有些难以为继。此时徐俊西已卸任上海市委宣传部副部长的职务,改任上海作协党组书记,便约我一起负责此刊工作,其时正值文化研究热气腾腾,便将侧重文艺评论的《上海文论》改为重于文化研究、文化普及的《上海文化》。徐俊西任主编,我任社长兼副主编。为了取得经费支持和扩大销路,便听取一些人的建议,把此刊办成学术性与时尚性相结合的刊物。但是对于"时尚"的东西,我与徐俊西都是十足的门外汉,虽然前后与两家公司合作,谋得一些经费,聘请了几位擅长"时尚"的专家担任编辑,不定期地出了十几期,却弄得此刊"三不像"——学术性、时尚性、知识性都不强,反而为办刊经费绞尽了脑汁,还让学术界的朋友们纳闷,说:"你们二位怎么会想到做这种吃力不讨好的事情?"我说:"我终于懂得了什么叫'顶着石臼跳舞'!"2001年夏,我退休了,便趁机辞去了这项职务。

《中国文化通志·美育志》

我的文化研究除了写过一些论文外,还出版过一部与文化密切相关的专著《美育志》。

1992年冬,我接到以前复旦的学生于文杰的一封信,说北京的中国炎黄文化研究会的一些文化学者,准备编纂一套100部的《中华文化通志》,由文武全才的萧克将军任编委会主任,李学勤、汤一介、刘梦溪、庞朴等著名文化学者任编委,现在正向全国招标。他建议我和他合作,由我牵头,撰写一部《中国文化通志》中的《美育志》。其时我手头正好没有大的课题,觉得写《美育志》很有价值,它既是美学、教育学的课题,又是文化学的一个重要方面,在中华民族源远流长的历史长河中,美育既有悠久的历史、优良的传统,又有鲜明的民族特色。但当时国内还没有一本比较系统的中华美育史,至于中华美育志,则更是暂付阙如,我们可以做一些填补"空白"的工作,为发展当今的美育和审美文化提供历史的镜鉴。加之我以前曾发表过几篇论述美育的论文,而于文杰正在主编《学校美育》系列,还请我写过总序,应该说撰写《美育志》已有一定的基础。于是我便写了投标报告寄往北京,不久便获得了批准。

当时中央对这套文化著作十分重视,1993年第一次全体作者会议是在北京的中国人民政治协商会议礼堂举行的,李瑞环等领导同志出席。1994年第二次作者会议在广州花都召开,也有中央领导人出席。经过两次会议,明确了全书的目的、要求、体例以后,我便与于文杰分工,他执笔写中国近现代美育,我写中国古代美育,由我统稿。

写这部书,我是颇为用力的,不仅写成了中国第一部《美育志》,而且有了新的发现,提出了一些新的观点。主要包括:①通过考察、记叙中华原始审美意识、原始艺术、宗教、教育的发生和发展,论证原始审美实践、意识的交流便是原始美育的萌芽,指出中华美育实践的起源并非一些人所认为的源自春秋战国时期,而是源自新石器时代;通过记叙尧舜时期的"典乐"、"乐教"的内涵,指出中国最早的美育思想并非自孔子始,而是萌生于尧舜时期,后经夏、商、西周的长期酝酿,才为春秋战国时期美育实践的自觉化和美育思想的初步系统化,做了前期的准备,从而论证了中华民族是世界上美育实践、美育思想发生最早,美育实践最系统发达,美育思想最丰富的民族之一。②通过记叙中华美育既同政治、伦理紧密联系,又有其相对独立性;既紧随经济的发展而发展,又与经济发展具有不平衡性,论证中华美育在春秋战国时期出现的繁荣期,秦汉以降直至明清蜿蜒曲折的发展期和近代以后出现的又一个高峰,从而展示了中华美育数千年"龙头、蛇身、凤尾"的发展态势。③既侧重于记叙儒家、道家的美育思想及其历史演变,又对学界较少涉猎或加以否定的墨家、法家、释家的美育思想进行梳理;既记叙它们之间的相互分立、分野、争鸣、争雄,又揭示它们之间相互汇合、渗透、互补、互进的关系,从而论证了中华美育思想一元为主、多元组合的动态的复合结构。④美育志既不同于美育史,也不是美育思想史,而是美育思想与美育实践的二维复合体。因此,既要记叙、阐释美育思想的发展,更要阐释美育的制度、途径、方法及其历史演变;既要记叙自古以来的学校美育、家庭美育、社会美育乃至胎教美育等美育制度、组织实施和美育途径,又要记叙艺术美育、自然美育、社会美育等美育领域、方法、手段;既要记叙在上述这些美育中所包含的心灵美育、语言美育、行为美育、仪态美育、环境美育等,又要阐明这些美育对于育人、造士、选士以及认识、适应、改造自然和发展文化艺术的意义,从而构成中华美育内部机制的多因素、多维度、多功能的全方位的动态的复合结构系统。

  写这本书,我是颇感费力的。不仅因为当时国内尚无一本美育志,连美育史著作也刚刚开始出现,没有现成的资料可以运用和参考,全靠自己去寻找、搜集、整理、选择。更重要的还在于这是一本"志"书,我以前也没有写过这种体裁的著作。"志"乃记事之史,作者不能徒以词采为文、考据为学,也不能像写历史著作那样,选些主要史料,按编年写史,加以议论,阐明自己的观点,而是必须饱览经史等各种历史文献,乃至从非文字的古文物中发掘美育的历史痕迹,最后须"以史料说话",自己的发现、观点必须表现在对史料的理解、选择、组织和记叙之中,而不能离开史料发一通议论。它虽然也要"史论结合"、"述作并行",但必须"论"在"史"中,"作"在"述"中,而不是"先史后论"、"先述后作"。这对我来说,确实是个重新学习的过程。当于文杰写成美育志近现代部分寄给我时,我发现他对写"志"书也不在行,写得有点像近现代美育史,我不得不删修掉一些他的议论,尽量保留和编排他所搜集和运用的史料。

《中华文化通志》含十典,有历代文化沿革典、地域文化典、民族文化典、制度文化典、教化与礼仪典、学术典、科学技术典、艺文典、宗教与民俗典、中外文化交流典等。每"典"十"志",共 100 志,即 100 部各种文化的志书,全国有 200 多位学者参与编纂。经过几年的努力,于 1998 年出齐。1999 年,曾获第四届"国家图书奖荣誉奖"。据悉中央领导和有关部门曾将这套学术著作作为文化礼品,赠送给来华访问的外国国家元首、政府首脑和外国的一些大学、图书馆。但是对每位作者来说,却是一件憾事。因为这 100 部著作只有一个书号,不能分册出售,只能全套购买,读者个人能有多少人有此经济实力购买全套?所以这套书只能卖给一些大型图书馆之类的文化部门。而且令人不快的是,不知是什么原因,出版社或编委会赠送给作者的样书,也只有寥寥几本,只好把它压在箱底,当作"纪念品"了!我"用力"、"费力"写成的这本书,在我的学术界朋友中,竟没有人得到我的赠书。几年以后,上海美学学会举行美育问题的研讨会,我在发言中提及《美育志》一事,并因样书太少又无法购买而未能赠送同行朋友、向大家表示歉意时,不料有几位学者都说他们曾读过此书,是在图书馆借到的,认为此书颇有学术价值,是国内唯一的一本《美育志》,并建议我稍作补充以后再版,或重新出版新著。发现有同行、同仁知道此书,读过此书,并且给予较高的评价,我也满足了!

6 篇纪念《讲话》文章

"文革"前,我从事文艺理论教学和研究,一直以马克思主义文艺理论,尤其是毛泽东《在延安文艺座谈会上的讲话》(以下简称《讲话》)中的基本观点,作为我的立论基础,并且把周扬等宣传、阐释、贯彻《讲话》精神的人视为理论权威。在"文化大革命"中,由于政治的动荡、思想的混乱,引起我对许多理论问题的反思,对《讲话》中的某些观点提出质疑,但我仍认为毛泽东的《讲话》是部具有"经典性"的著作,所以我给工农兵学员开设文艺理论课时,仍给学员讲述《讲话》的基本观点及其指导意义。"文革"结束后,人们都在痛定思痛,反思、批判"文革"的祸害,我也曾连续发表文章,揭发批判"四人帮"和"文革"中的种种倒行逆施和极左言论。但我很快意识到,在这一解放思想、正本清源的大合唱中,也出现了一股"杂音":有的人因反思、批判"文革"而引发出一股否定毛泽东和毛泽东思想的潜流,在文艺界也有人曲解和否定《讲话》的精神,引起我的警惕和思考,认为有的人是思想偏激,以点概面,好走极端,仍以"文革思维"判断历史和现实;而有的人本来就不满现实,又受西方反共反华势力的影响,开始蠢蠢欲动。因此我就想到我不仅在"文革"动乱中"要做明白人",在今天取得胜利的时刻,依然"要做明白人",要保持清醒的头脑,要对重大政治历史问题和理论问题作辩证的历史的分析,对毛泽东、毛泽东思想也作出我的基本的判断。

我否定"文革"和毛泽东在"文革"中所犯的错误,但绝不否定毛泽东的历史功绩,仍以毛泽东思想作为我们的指导思想。

我不赞成毛泽东对《武训传》、"胡风反革命集团"的批判、斗争以及他对文艺问题的"两个批示",但我仍认为毛泽东文艺思想是我们建设社会主义文艺的指导思想之一。

我不赞成毛泽东在《讲话》中提出的"文艺从属于政治"、"政治标准第一,艺术标准第二"等提法,但我仍认为这部《讲话》对当今的文艺创作、批评、鉴赏和文艺理论研究以及文学艺术的发展,具有指导意义。

正因为我有上述判断和认识,所以在"文革"结束以后,我曾多次应邀写过多篇学习、研究《讲话》的论文,并被一些报刊作为纪念《讲话》发表"××"周年的重点文章。

第一篇是1977年5月23日在《文汇报》发表的《沿着工农兵方向胜利前进——学习〈在延安文艺座谈会上的讲话〉》,是应邀为纪念讲话发表

35周年而作,也是《文汇报》的纪念文章。此文着重批判"四人帮"对《讲话》基本精神的歪曲,同时也针对当时社会上出现的借反对"文革"为名,贬低、否定毛泽东和毛泽东思想的暗流,重新肯定了《讲话》的基本精神和指导意义。由于此文是在党的十一届三中全会召开前一年发表的,对于当时解放思想、正本清源起到一定的推动作用。

第二篇是1990年发表于《上海文论》第1期的《毛泽东文艺思想的继承与发展》。1989年10月,中共中央宣传部文艺局编辑出版了《邓小平论文艺》一书,上海市委宣传部立即组织文艺界学习、宣传此书,我也正在学习、研究邓小平文艺思想。认为马克思主义、毛泽东思想是开放的发展的思想理论体系,毛泽东文艺思想也必然随着文艺实践的发展而发展,而《邓小平论文艺》中所收录的邓小平1979年至1989年所作的报告、讲话、祝词中,无论就文艺与人民与四个现代化与精神文明建设的关系,还是关于文艺的功能、文艺的方针政策、文艺批评的标准以及文艺家的创作道路等一系列重要问题的论述,都既继承又从多方面发展了毛泽东文艺思想,所以我于1989年11月中旬,即《邓小平论文艺》刚出版不久,便写成了此文,阐述了我的学习心得,指出邓小平文艺思想对当今文艺创作实践、文艺理论研究、文艺批评以及文艺管理的指导意义,同时也进一步论证和肯定了毛泽东文艺思想的历史地位和当今价值。此文写成后尚未正式发表,只是在一次研讨会上作了发言,便被上海人民广播电台邀请于该年11月22日在电台做了广播讲话录音,题目就是"学习《邓小平论文艺》的体会",讲的内容就是那篇尚未发表的论文,不过尽量口语化一点。后来听朋友说曾听到过我的这个广播讲话,可惜我自己却没有听到,电台没有告诉我何时播出。如果我能亲耳听到我那夹杂着上海话、扬州话口音的蹩脚的普通话,倒是挺有趣的!

第三篇是1991年写的《坚持社会主义文艺方向的根本保证——写在建党70周年前夕》,是应《上海文论》之约,为纪念中国共产党建党70周年而写的,发表于《上海文论》1991年第3期(刊出于5月),又可以作为"5·23"纪念《讲话》发表49周年的文章。主要讲中国无产阶级社会主义文艺的历史根源,指出只有在中国共产党的领导下,坚持以毛泽东文艺思想和邓小平文艺思想为指导思想,贯彻毛泽东提出的"工农兵方向"和邓小平在新时期提出的"为人民服务,为社会主义服务"的方向,才能取得长足的发展和繁荣,主要探讨社会主义文艺坚持党的领导、坚持指导思想和文艺方向的历史必然性和必要性。

第四篇是1992年写的《论生活美向艺术美转化的中介——重温〈在延安文艺座谈会上的讲话〉》。此文从文艺学、美学、哲学、心理学等角度,运用实践论、能动反映论的基本理论和我在"审美心理学"研究中提出的"主客体相互作用、双向运动论"和"审美意象中介论"等观点,论述文艺与生活、文艺家与社会人生、生活美与艺术美的辩证关系,论证作家、艺术家必须深入生活、吸取源泉,又要充分发挥主观能动性,创造审美意象,经过选择、加工、提炼、典型化,从而创造出源于生活又高于生活的艺术形象。该年上海市委宣传部为纪念《讲话》发表50周年,举行了大型纪念会、研讨会,我除了协助宣传部组织、安排纪念会、研讨会外,还将宣传部收到的上海文艺理论批评家、文学史家写的20多篇纪念文章,由我编选了19篇,于该年5月,由上海文艺出版社出版了《毛泽东文艺思想论文集》,署名的主编是"中共上海市委宣传部文艺处"。我的这篇论文既收入该"论文集",又同时在《上海文论》1992年第3期(刊出于5月)发表,都是为"5·23"纪念《讲话》发表50周年而发表和出版的。此文还被人大复印资料选载。

第五篇是1996年写的《邓小平对毛泽东文艺思想的新发展》。这是我研究邓小平文艺思想比较系统的论文,并为我日后撰写《邓小平文艺思想论稿》专著做了准备。此文从文艺的性质、功能、目标、任务、方向、方针,文艺家的职责、道路,文艺批评的原则、方法和党对文艺的领导等各个方面,论证了邓小平对毛泽东文艺思想的新发展。这种"发展"既指邓小平根据现实文化、文艺实践的新状态而提出新的理论、观点;又指多方面地改变了毛泽东文艺论著中若干已经不适应当今文艺实践的观点、理论,如克服了"文艺从属于政治"论、"政治标准第一"论等,并且吸收了文艺理论家研究的新成果,以新的理论、观点或概念替代了这些观点。此文于5月23日那一天在《文学报》以通栏标题全版篇幅发表,作为纪念《讲话》发表54周年的文章,同时还在《毛泽东邓小平理论研究》杂志该年第3期(5月)发表,也是为纪念《讲话》发表54周年而发表的。在该年5月23日这一天,上海市委宣传部又组织了大型纪念会和"邓小平文艺理论学习交流会",也收到了20多篇论文,仍由我责编了一本《学习邓小平文艺思想文集》,由上海文艺出版社出版。在这本论文集中,除收入我的这篇论文外,还收入我的另一篇论文《学习邓小平文艺思想,促进社会主义文艺繁荣》,主要论述邓小平文艺思想对当今文艺实践的指导意义。

第六篇是1997年写的《略论社会主义文艺规律》。该年4月,上海市委宣传部筹备纪念《讲话》发表55周年的活动,邀请了几个人商议如何使今年的纪念活动有新意。我提出《讲话》的理论价值和实践意义在于总结了一系列文艺规律,而我们当今的文艺创作、文艺批评、文艺理论研究,尤其是文艺领导、文艺管理方面,之所以会犯主观主义、想当然的毛病,就在于与文艺规律相悖,建议此次纪念活动可以讨论有哪些文艺规律和如何遵循文艺规律的问题,以提高文艺实践的自觉性和效率。宣传部领导很赞同我的意见,并要我撰写纪念会的报告稿,请市委副书记作纪念会的主题报告。我很不善于为领导同志起草报告稿,因为作此报告,必须对当前的文艺状况作较为完整、准确的归纳分析,尤其要指出存在哪些违背规律的现象,以及出现这种违背规律现象的主客观原因。我自觉很难完成这个任务。而且我回忆起1984年,领导曾准备调我到上海市委政策研究室工作,我也是因为怕为领导写报告稿,所以才谢绝了调任。因此这次写报告稿时,我没有详述当前的文艺实际,而是专从理论上论述社会主义文艺的基本规律,如发展规律、创作规律、批评鉴赏规律、生产规律、管理规律、市场运行规律等,特别论述了社会主义文艺性质、特征、功能的基本法则和社会主义文艺规律的特性。文章写成后便交到宣传部去转交给领导同志。市委副书记读后,在宣传部附于论文前的请示报告上方空白处写了"建议作者署名发表"的意见。显然,此文不适合做报告稿。后来由别人吸收此文的主要内容,增加一些文艺实际状况和领导的要求,写了新的报告稿,我的任务也就算是"完成"了。不久,此文便在《社会科学》第8期发表了。

我写纪念《讲话》的文章，几乎都是应约而写，事先并没有规划，也没有思考过各篇之间的关系，都是根据我届时的学习心得和考虑彼时的文艺状况信笔而成。现在一梳理、一归纳，不由一惊，从1977年到1997年这20年间，我竟陆续写了6篇分别发表于11处学习《讲话》的文章，而且大多是在纪念《讲话》发表"××"周年时发表的！约略回忆一下这6篇文章，既非"应景"，亦非"讲义"，大多是针对当时的文艺状况或某种思潮有感而发；或者就《讲话》中某个重要观点进行学理性的阐发；或者论述《讲话》精神在新的历史时期的发展，期间并没有过多的重复。这件事却引起我的思考：作为学者根据自己的研究方向、重大研究课题，发表多篇论文，出版多种著作，这在学界是屡见不鲜的。例如，研究社会主义市场经济这个大课题，可以就一系列子课题进行深入的探讨。研究《红楼梦》的红学家可以就其中涉及的政治、经济、文化、习俗以及各种各样的人物形象进行深入的研究，发表多种论文和专著。但是仅就前人的一篇论文，文艺界几乎每年都要开展纪念活动，出版多种研究著作，这种情况似乎并不多见。就我本人来说，我的研究方向早已转向美学，却在20年内连续应约发表多篇研究《讲话》的文章，这也是绝无仅有的。但我始终觉得"值"！毛泽东的《在延安文艺座谈会上的讲话》，是经得起时间的考验、经得起实践检验的科学著作。虽然现实情况已时过境迁，但是《讲话》的精神常在。尤其是以《讲话》为核心的毛泽东文艺思想不是封闭的系统，而是开放的体系，它仍在随着实践的发展而发展。其中已经不适应新的实践的观点、提法正在被扬弃，其中从实践中总结、提炼的科学理论正在发扬光大，对于当今的思想建设或精神文明建设尤其对文学艺术的实践仍具有巨大的指导意义。所以我们以后仍需要学习、研究、纪念《讲话》，目的当然是为了发展、繁荣社会主义的文学艺术和发展马克思主义文艺理论。

为什么研究邓小平文艺思想

早在1979年底，我读了邓小平在《在中国文学艺术工作者第四次代表大会上的祝词》,便开始意识到我国新时期文艺工作的新观念、新理论、新的指导思想诞生了。后来学习了《邓小平文选》和《邓小平论文艺》,更激起我学习、研究邓小平文艺思想的热情,并且意识到作为一个理论工作者,研究、阐发、宣传邓小平文艺思想,是我应尽的责任,所以我先后发表了8篇研究论文,出版了2部研究著作。

有一次,我遇到一位业外的朋友,他表示赞赏我的美学著作,但对我如此执著研究邓小平文艺思想不甚理解,认为邓小平是政治家,并不是文艺理论家,只是在新时期提出了一些文艺方面的方针、政策,并没有系统的文艺理论,为什么要花那么大功夫研究邓小平文艺思想?为什么文艺领导部门和文艺学术团体还常组织学习会、研讨会?后来我发现业内也有个别人存此疑虑,甚至认为是否因为邓小平是最高领导人,所以才那么热心地宣传他?其弦外之音,不言自明。

对于这种疑惑,我并不感到意外,更不会气馁。相反,正因为业内外有人不很理解,所以我们更需要深入研究、正确阐释、贯彻执行邓小平文艺思想。因为它是我国新时期思想、文化建设和文学艺术发展、繁荣的新的指导思想,是必须认真研究的。为此,我与蒯大申同志合作,于1999年向国家社会科学基金资助项目之一的"邓小平文艺思想研究"项目投标,不久便获批准,先后出版了两部著作:《邓小平文艺思想论稿》和《新时期文学三十年——邓小平文艺思想与新时期文学》。我们的立意是探讨3个最基本的问题:①将邓小平散落在其各种著作中的众多文艺思想明珠有机地连缀起来,展示邓小平文艺思想发生发展的进程及其内在的系统性、发展性;②将邓小平关于文艺问题的论述与马克思、恩格斯、毛泽东等经典著作家的论述联系起来,阐明邓小平文艺思想的理论基础及其对马克思主义文艺理论,尤其是对毛泽东文艺思想的继承和新的发展,展示其开拓性、当代性;③将邓小平文艺思想与历史的现实的文艺实践以及文艺理论家的探讨结合起来,阐明其现实基础、实践根源和开放性、实践指导性。

我们认为邓小平文艺思想并不是一朝一夕形成的,也不是到1978年以后新的历史阶段才突然产生的。早在20世纪30年代,邓小平便开始关注文艺问题,着手文艺阵地、文艺队伍建设,而1941年发表的"一二九师文化工作的方针任务及其努力方向"①,不仅论述了新民主主义文化、文艺的性质、目标、方向、方针、任务,指出新民主主义的文化是民族的、民主的、科学的、大众的文化,是中华民族解放的文化;而且对文艺的内容与形式,文艺工作者的创作道路、修养、方法等做了深刻的论述,指出文艺要真实而迅速地表现急遽多变的现实,表现人民大众的生活,要将革命的内容与群众喜闻乐见的艺术形式结合起来,达到丰富的现实内容和生动的艺术性的统一。要求文艺家与人民打成一片,同人民建立血肉不可分离的关系,要不断增强自己在政治、文艺方面的修养和实际工作的锻炼,以提高自己、充实自己。此外,还就党对文艺工作的领导和文艺队伍的建设提出卓越的思想,指出党的领导要鼓励文化工作者的工作热忱,大大发挥他们的积极性和创造性,还要给以必需的可能的工作条件,更充分地发挥其才干,从而使文艺工作者成为文化教育的得力干部,使文艺队伍成为新民主主义革命的"先锋军"。这篇报告作于1941年5月,其中关于新民主主义文化性质、目标、方针、任务的论述,不难看出它与一年前(即1940年1月)毛泽东发表的《新民主主义论》中关于新民主主义文化的论述之间的承传关系,可以说是毛泽东文化思想(含文艺思想)的传播、贯彻和补充、发展;而其中关于文艺工作的方向、方针、任务,文艺的内容与形式,文艺工作者的道路、修养以及文艺领导、文艺队伍建设等一系列基本问题的论述,又同下一年(即1942年5月)毛泽东发表的《在延安文艺座谈会上的讲话》的精神不谋而合,都体现了中国共产党在新民主主义革命时期关于文化、文艺工作的主导思想,都反映了当时中国共产党在文化、文艺问题上最高的思想水准。此外,我们从文中对某些问题的具体提法中,如文艺家要"与人民打成一片,同人民建立血肉不可分离的关系"、党的领导要"鼓励文化工作者的工作热忱,大力发挥他们的积极性和创造性","给以必需的可能的工作条件",使文化、文艺队伍成为革命的"先锋军"等,还可以看到邓小平在新的历史时期提出的一系列文艺观点中,在

---

① 《邓小平文选》,第1卷,第22—29页。

1941年已经孕育了思想的萌芽。

如果说"一二九师文化工作的方针任务及其努力方向"标志着邓小平文艺思想进入了形成期,那么新中国成立以后则进入了发展期,提出了文艺工作要以生产建设为中心并为这个中心任务服务的思想;指出知识分子的绝大多数在政治上已经站在工人阶级方面,所以文艺既要为工农兵服务,又要为知识分子和一切爱国的赞成、参加社会主义建设的人们服务,即为最广大的人民群众服务;坚持和发展了党的文艺方针政策,提倡文艺论争中的"三不主义",即不抓辫子、不扣帽子、不打棍子,主张在讨论中要有保留自己意见的权利,要尊重少数人的意见,因为真理有可能最后被证明是在少数人方面。这些观点都有明确的针对性,对于克服20世纪五六十年代"左"倾思潮起了积极的警示作用。

到了新的历史时期,邓小平从党的基本路线出发,遵循解放思想、实事求是的思想路线,总结了社会主义文艺发展的经验与教训,在《在中国文学艺术工作者第四次代表大会上的祝词》等一系列讲话、报告、批示中,就文艺创作、文艺生产、文艺批评、文艺领导、文艺发展等社会主义文艺建设中的一系列重大问题,都作了宏观与微观相结合的深入细致的分析,作出了极具创造性的辩证的深刻的论述,形成具有内在系统性、现实针对性、实践指导性和鲜明时代特征中国特色的科学理论。此为邓小平文艺思想的成熟期。

我们认为,邓小平文艺思想的最大贡献在于极大地丰富和发展了中国化的马克思主义文艺理论——毛泽东文艺思想,建构了当代的具有中国特色的马克思主义文艺理论。这种发展既表现在改变了毛泽东文艺思想中已经不适应新时期文艺实践的某些观点、提法;更表现在根据中国社会现实的发展和文艺实践的发展,提出了许多新的课题、新的理论。这种发展是多方面的、系统的,概括起来,主要有下列诸方面。

(1) 将文艺纳入社会主义精神文明建设的范畴,确立了社会主义文艺的性质。毛泽东在《在延安文艺座谈会上的讲话》中指出,无产阶级的文学艺术是无产阶级整个革命事业的一部分,是团结人民、教育人民、打击敌人、消灭敌人的有力武器。这一定性引导无产阶级文艺在新民主主义革命时期发挥了巨大的作用,取得了显著的成就。但是到社会主义革命和社会主义建设的历史时期,革命已由急风暴雨式的武装斗争、夺取政权,发展为以经济建设为中心,所以邓小平及时提出了建设有中国特色社会主义的理论,确立了社会主义精神文明与物质文明同步发展、相济相成的基本方针。正是从这一基本方针出发,邓小平要求文艺工作者通过不懈的努力,为建设高度发展的社会主义精神文明做出积极的贡献,提高整个社会的思想、文化、道德水平。这样,邓小平就将社会主义文艺的性质由阶级斗争的武器,定性为社会主义精神文明的组成部分,将社会主义文艺事业纳入建设有中国特色社会主义的总轨道。

(2) 提出文艺不从属于政治又不可以脱离政治的论断,确立了社会主义文艺的地位。毛泽东曾提出"文艺从属于政治"的观点,要求文艺从属于反帝反封建的新民主主义革命的政治。这种文艺的定性在武装夺取政权的革命时期曾使文艺在革命斗争中发挥了积极的作用。但在以后文艺界的理论引申和实践中发生了偏差,一方面将政治片面地归纳为阶级斗争,将文艺从属于政治归结为以阶级斗争为纲,乃至要求文艺直接地从属于临时的具体的政治任务,对一切文艺作品都以阶级斗争决定臧否,阉割了文艺的特性。另一方面,文艺与政治是同属于一定经济基础的上层建筑和社会意识形态,它们是相互依存、相互作用的关系,而不是单向的隶属关系。所以邓小平明确指出不再继续提文艺从属于政治这样的口号,因为这个口号容易成为对文艺横加干涉的理论根据;同时又强调指出,文艺是不可以、不可能脱离政治的,辩证地阐明了文艺与政治的关系。所谓不从属于政治,就是不再要求所有文艺活动、文艺作品都从属和直接服务于临时的具体的直接的政治运动、政治任务,使文艺从狭隘的短视的政治功利主义中解脱出来,使文艺回归其本体性地位。所谓不脱离政治,就是要求作为上层建筑的社会主义文艺不脱离社会主义经济基础,不脱离建设中国特色社会主义这个最大的长远的根本的政治。

(3) 指出文艺是提高人们精神境界的精神食粮,确立了社会主义文艺的特殊功能和目标。由于将文艺纳入社会主义精神文明的范畴,邓小平将文艺的功能从政治作用、阶级斗争的功能提升为提高人们精神境界的精神食粮的功能,要求以多样化的题材、主题、形式、风格,满足人民精神生活多方面的需要,既要使人们得到教育和启发,即发挥教育作用、认识作用,给人们以社会主义、爱国主义、集体主义的精神和滋养,发挥文艺提高整个社会的思想、文化、道德水平,培养社会主义新人的特殊功能;又要使人们得到娱乐和美的享受,即发挥文艺的娱乐作用、审美作用,提高人们的文化素养和精神面貌。

(4) 提出文艺为人民服务、为社会主义服务的思想,确立了社会主义文艺的方向和任务。1942年,毛泽东提出我们的文艺是为人民大众的,"首先"是为工农兵的。后来被文艺界引申为"工农兵方向",尤其在"文革"前后更被狭隘化,变成只能描写和歌颂工农兵。到了新的历史时期,由于革命的目标、任务发生了变化,文艺服务的对象也发生了相应的变化。所以,1979年邓小平《在中国文学艺术工作者第四次代表大会上的祝词》中指出,文艺要为最广大的人民群众服务,要为实现四个现代化这个长远的中心任务服务。1980年7月,《人民日报》根据邓小平这一思想,发表《文艺为人民服务,为社会主义服务》的社论。从此,"二为"方向就成了社会主义文艺的方向。为人民服务,就是为包括工农兵、知识分子和一切拥护社会主义、热爱祖国的最广大人民群众服务;为社会主义服务,就是要求文艺鼓舞人民同心同德地实现四个现代化,为建设有中国特色社会主义服务。

(5) 拓展了"双百"方针的内涵,进一步确立了社会主义文艺的方针、政策。毛泽东将"双百"方针的内涵界定为艺术上不同的形式和风格可以自由发展,科学上不同的学派可以自由争论。将两个"自由"表述为两个"可以",即表示肯定、认可、允许。而邓小平则表述为在艺术创作上提倡不同形式和风格的自由发表,在艺术理论上提倡不同观点和学派的自由讨论。以两个"提倡"表示要积极鼓励和倡导艺术和学术上的创新;不仅提倡艺术形式、风格的自由发展,而且艺术题材、主题、人物形象也应该多样化;不仅提倡不同学派之间的相互尊重,而且提倡不同观点之间的自由讨论,要求文艺家、理论家坚持真理、修正错误,表现出必须严格遵循艺术规律、科学规律的艺术观、科学观。

(6) 阐明了文艺家的地位、职责和创作道路。邓小平本着实事求是的原则,为文艺家的阶级属性、社会地位重新定性定位,指出文艺家是社会主义社会的劳动者,是工人阶级自己的一部分,不要再把他们看作资产阶级的一部分。指出文艺家的社会责任是通过有血有肉、生动感人的艺术形象,真实地反映丰富的社会生活,反映人们在各种社会关系中的本质,表现时代前进的要求和历史发展的趋势,并且努力用社会主义思想教育人民。指出文艺家要努力学习马列主义,认真钻研、吸收、融化和发展古今中外文艺技巧中一切好的东西,提高自己的艺术表现力,要自觉地在人民生活中汲取题材、主题、情节、语言、诗情和画意,用人民创造历史的奋发精神来哺育自己。指出这就是我们社会主义文艺事业兴旺发达的根本道路,也是文艺家根本的创作道路。

(7) 重新确立了文艺批评的功能和标准。邓小平不再把文艺批评仅仅归结为文艺界阶级斗争的方法和手段,而是将之视为文艺家不断进步、不断提高从而发展艺术生产力的动力。在批评态度、方法上主张采取民主的说理的态度,允许批评,允许反批评。指出文艺作品的成败得失要由实践效果来判断,作品的思想成就与艺术成就应当由人民来评定。主张以思想标准替代毛泽东提出的"政治标准",不再沿用毛泽东提出的"以政治标准放在第一位,以艺术标准放在第二位"的文艺批评标准。

(8) 阐明了党领导文艺的原则和方法。邓小平一再强调既要坚持、加强又要改善党对文艺事业的领导,其基本原则是要根据文学艺术的特征和发展规律来领导文艺工作。指出领导者要引导文艺工作者坚持"二为"方向、"双百"方针,发挥文艺家个人的创造精神,写什么和怎么写,只能由文艺家在艺术实践中去探索和逐步求得解决,在这一方面,不要横加干涉、发号施令。指出党的领导要尊重知识、尊重人才,不仅要从思想上,而且要从工作制度上,创造有利于杰出人才涌现和成长的必要条件。

(9) 提出文艺部门要以社会效益为一切活动的最高标准。这是在市场经济条件下出现的新问题。由于有些文艺部门在艺术生产、流通中偏重文艺作品的商品属性和经济效益,忽视精神产品的精神属性和社会效益,带来了社会危害。邓小平及时发现了这个问题,指出文艺等部门要以社会效益为一切活动的唯一准则,它们所属的企业也要以社会效益为最高准则,要在把社会效益放在首位的前提下,实现经济效益与社会效益的统一。

(10)除上述以外,邓小平还对文艺体制改革、文学艺术传统的继承与革新、外国文艺的借鉴与创造以及文艺队伍建设等进行了精辟的论述,都丰富、发展了毛泽东文艺思想。

我们认为邓小平文艺思想的最大价值在于被公认为发展我国社会主义文艺事业的指导思想,极大地推动了我国新时期以来文学艺术的发展和繁荣。1979年10月30日,邓小平在《在中国文学艺术工作者第四次代表大会上的祝词》中,就社会主义文艺的性质、地位、功能、任务、方向、方针以及文艺家的地位、职责等一系列重大问题,作了精辟论述以后,全国文艺界立即掀起了学习、贯彻邓小平文艺思想的热潮。《邓小平文选》和《邓小平论文艺》出版后,这种学习更向深层次发展,并且化为全国性的文艺领域的自觉的行动,文艺家深入生活,文艺社团、文艺报刊如雨后春笋,文艺创作空前繁荣,文艺批评空前活跃,文艺理论研究的新成果层出不穷,并且开始着手文艺体制改革。

正是在这样的文艺环境、学术氛围中,我们开展了国家社科基金项目"邓小平文艺思想研究"两个课题的研究,即《邓小平文艺思想论稿》和《新时期文学三十年——邓小平文艺思想与新时期文学》的撰写。前者主要是"论",论述邓小平文艺思想的发生、发展、基本内涵及其理论基础、思想特色、指导意义,对毛泽东文艺思想的继承与发展。后者主要是"史",除论述邓小平文艺思想与新时期文学实践的互动互进外,着重阐述新时期以来我国社会主义文学在邓小平文艺思想指引下的新发展,诸如文学题材、主题、人物、形式、手法、风格的多样化,文学本体性、主体性的回归,主流文学、精英文学、大众文学的互进互补,文学理论批评和学科建设的系统化以及文艺队伍的不断壮大,等等。

这两部著作出版后,我都没有以此参加上海或其他部门的评奖活动。

因为从20世纪80年代末我就开始担任上海市优秀文学艺术奖、哲学社会科学奖、学术成就奖以及其他学术评审的委员,20多年来我参与过上海的、外地的数十次评审活动,无形中形成一种观念或习惯,即只参与评审,自己的论著不参与评奖。在我撰写和主编的近20部著作中,除了《上海文学通史》因作者强烈要求而参与评奖外,其他的都未送评审。不过《邓小平文艺思想论稿》虽未送评,却于2004年被中共中央宣传部和中国新闻出版总署联合定为纪念邓小平诞辰100周年的"推荐著作"、"重点图书",而全国哲学社会科学规划办公室则把此书作为项目优秀成果,让我写了篇介绍此书写作和谈体会的文章"《邓小平文艺思想研究》成果简介",于2004年12月发表在该办公室编的《国家社科基金项目成果选介汇编》中。在我看来,这也可算是未参评、未获奖而得到的"奖励"。

笑谈"上电视"

前面讲的都是工作、写作,现在讲点轻松的吧。我是个只知道读书的人,既不会唱歌、跳舞,更不会演戏,从来没有想过会上电视。可是偏偏从20世纪60年代起,我便开始与拍电视打交道了。大概是1962年吧,上海电视台要报道大学里开展学术讨论的情况,到复旦大学来物色对象,复旦党委便把他们介绍到学术讨论比较活跃的中文系来。其时中文系正好没有立即开展讨论的计划,便在系阅览室临时布置了一个"研讨会"的会场,让许多师生围坐在四周,让我站在师生们中间"发言"。我没有问为什么让我"表演"发言,大概是在以前的讨论会、辩论会上,我曾几次被指定发言。这次"发言"前,导演先对我指导一番,告诉我发言时不要看录像机,头不要抬得过高,也不要低头,但要左看看、右看看,还要做些手势……导演没有要我讲标准的普通话,大概只是录像、不要录音。我事先准备了个题目,装模作样地讲了几分钟就结束了。至于讲了些什么,过后忘得一干二净。这个录像有没有在电视台单独或在整个节目中放映过,我不知道,也没有去问。所以这次与电视打交道,只是同录像机有了几分钟的"相遇"。

这种与电视录像机的"相遇",后来又经历过多次。我常出席上海市委市政府或文艺界举行的专家学者会议,常看到有摄影师在录像、摄影,有时还看到镜头正对着我和我身旁的与会者(2017年我出席《辞海》主编会议,又被拍了几个镜头)。每到这时我便只顾听别人做报告或发言,不去看镜头,晚上也不看电视新闻,所以从未在电视机里见到我的"尊容"。倒是有几位朋友先后对我说,他们曾在电视里看到我在参加会议。这是我几次被动地不自知地上电视。

除了这种被动地不自知地上电视外,我还曾应邀在电视录像机前"表演"过几次。

第一次大概是1996年,据说上海市某领导部门要为每位局级干部做一次"办公"录像作为存档,上海社科院还专门布置了一间"办公室",室内仅有一张办公桌,桌上有一叠"资料"和一台电话机,录像机就架在办公桌前。当轮到我"表演"时,我便正襟危坐,微皱眉头,作沉思状。此时电话铃响了,我便拿起话筒,一本正经地对着话筒讲话、"发指示",还装模作样地翻看桌上的"资料"。几分钟后,这场"表演"便结束了。对于这种录像,我并不感到有趣,只觉得有点好笑。为什么每个局级干部都在同一间"办公室"办公,用的是同样的电话机和"资料"?为什么不到我们自己的办公室去录像?如果到群众中或在会议上,拍摄干部与群众在一起商量工作,不是更好吗?真是形式主义!

第二次是有位著名作家出版了一本自传体的励志性的书,上海市作家协会与《文汇报》合作,在《文汇报》大楼的一间大会议室举行讨论会。我也发了言,其中讲到人与环境的关系:"当你处在适宜的环境中时,你要为别人营造一个适宜的环境;当恶劣的环境折磨你时,你千万不要自己折磨自己!"我的发言刚结束,便有一位与会者走到我身后,悄悄对我说:"请到隔壁房间来一下。"我到那里一看,只见里面架着一台电视摄像机和一块聚光板。哦唷,要为我录像?领我进来的那位先生说:"我们是上海电视台的,你刚才的发言谈人生感悟,很有深度,很有启发性,请你到镜头前再谈谈,还可以补充你刚才的发言。随便谈谈,随便谈谈!"对于录像,我以前经历过,并不觉得新奇。但是这一次要录音了,我倒有点踌躇。不过再一想,就接着刚才讲的内容再加一些发挥、谈一些个人看法,有何不可?我便向中间那张沙发走去。有位女同志拦住我,说要化妆一下,免得放映时脸色显得苍白。她在我的脸上涂了层薄薄的淡红色的粉,还在我的嘴唇上抹了淡淡的口红,我忍不住笑了:"我这老头子还涂脂抹粉?可惜我的妻子没看到!"他们都笑了。我在沙发上坐定后,摄像机、聚光灯便同时打开,我对此好像视而不见,只管按照我的思路讲下去。那天晚上,我打开电视看新闻,想看看我的"尊容",发现电视中没有播放,有点失望。不料好多天以后,有次我和妻子一起看电视,却意外地看到那段录像:我穿着未打领带的西装,随意地坐在沙发上,侃侃而谈,还不时做些手势。讲完以后,朝沙发背上一靠,露出一副做完一件事后轻松的笑容。啊,我原来是这样的!但有一点,让我不大好意思,我的普通话不太标准,夹杂着不少上海话、扬州话的口音!还有我笑的时候,露出了尖尖的老虎牙,妻子笑骂道:"丑死了!"

第三次大概是2004年吧,电视台的王编导打电话给我,说电视台应上海市某领导部门的要求,准备拍摄一部对干部进行"反腐倡廉"教育的电视节目,请我做"嘉宾",并约我到电视台去商议如何拍摄。我对官员腐败深恶痛绝,常常忧心忡忡,认为除了制订一系列严密的制度堵绝腐败之徒外,还应对干部进行做人准则、为官之道的教育,所以我在电话里当即表示同意。到了电视台的一个会议室,那里已坐了八九个人,其中有两位是社会学专家。我在会上提了个建议,认为反腐倡廉的题材,媒体上已经谈得很多,大多从政治、经济、制度上谈腐败的危害,或从思想、道德、品性上进行分析、批判,还有从法律上加以警示,这些都是必要的。但我主张还可以从心理上剖析那些犯有贪腐罪错的干部在作案前的犯罪心理、作案后的心理活动、东窗事发后乃至判刑、处分后的心理状态。这样做有助于触动灵魂,印象深刻,激发干部们深思、对照自己的心理状态,防微杜渐,不去重蹈前人的覆辙。大家都很赞成我的建议,认为这样摄制教育片有新意,发人深思。随即我又提了第二个建议:要求上海市某领导部门提供几个具有典型性的案例,并且在这些案例中最好附有犯罪干部的供词或自我忏悔的材料以及其他与本案有关的资料,以便于做心理分析。大家也一致叫好,说就这么定了。

过了几天,王编导来电,说已向市里某领导部门汇报,领导认为我们的方案很好,很有新意,并且已将所需的案例材料送来,马上就会送到我家。我看了材料,不禁大失所望!原来只送来一个案例,没有任何供词和忏悔材料,而这个案例又只是一个非常简单的故事梗概:上海郊区有个年轻镇长,因为没有按他的愿望升官,就和朋友饮酒解闷,酒醉后强暴了一个女服务员。为了封嘴,他给那个女服务员一些钱,但那个女服务员仍旧揭发了他,他被罢了官。显然,这是一个极为普通的刑事案件,与干部的权权交易、权钱交易、权色交易毫不相干,与贪污受贿更加无涉,以此案作为"反腐倡廉"教育的材料,实在是风马牛不相及。我便把这个意见告诉了王编导,建议他向上反映,换个案例,而且再增加一两个案例,最好再提供些材料。王编导同意我的意见,表示立即再向上反映。又等了几天,王编导来电话说,他去反映了,某领导部门不同意换案例,叫我们就以此案例摄制。我一听,心就骤然冷了!我怀疑有关部门要求拍摄"反腐倡廉"的干部教育电视节目,是真情还是假意?是真想进行干部教育还是做做样子,只是表示一下他们是反腐败的,是重视干部教育的?干部那么多,已知犯有腐败的并不少,为什么就提供不出几个与"权"有关的腐败案例呢?拿出这么一个因醉酒而犯错的干部案例,就能说明干部都是廉洁的?我越想越觉得这里有问题!说得轻一点,或以好心度人,是不是某个管干部教育、想到拍电视节目的人,是为了"保护党的声誉"或为了"维护干部的形象",而不敢拿出真实案例,只以此案例来搪塞?说得重一点,就算是我错度君子之腹:某些管干部教育的人,会不会对"反腐倡廉"有抵触情绪,便以此极为普通的甚至偶然的刑事案件,来掩盖干部中腐败的真相!想到此,我立即斩钉截铁地对王编导说:"对不起,这个案例我无法分析,我不参加你们这项工作了!"说完就挂了电话。

过了几天,王编导又来电,说他与有关领导又沟通过了,他们认为这个案例也可以做干部教育材料,可以让干部检点自己的行为嘛!我一听差点笑起来,哦,原来如此!改辙易张了,不做"反腐倡廉"教育的节目,改为做让干部检点自己行为的"教育片"了!主题变了,原先提供的素材还可以用,节目还可以做,任务还可以完成!不过,既然如此,何必当初那么响当当地喊出加强"反腐倡廉"的教育?为什么不明明白白地说清楚为何改换主题呢?既然主办、协办单位改换了主题,我无话可说,只好奉陪。

那天我被引进一个大厅,大厅右侧是几排阶梯座位,已坐了四五十位"群众",左侧是一排长桌,桌后有3张座椅,中间一张是我的座位,两旁是那两位社会学家,是为"专家席"。场子中间是摄像机,机前站着的是一位年轻的主持人。节目开始后,按理应该分析那位镇长犯错的性质、程度和原因,可是主持人很快就把话题引到饮酒惹祸上来,那两位社会学家便大谈饮酒的坏处、干部不应该随便和商人饮酒之类的话,我也只得凑趣,便讲些"酒能乱性"、"酒后见真情"之类的俗话,节目就在对饮酒的讨伐声中结束了!仿佛那个镇长就是因为饮酒才犯罪,干部们只要不再饮酒就不会犯错、犯罪!对干部进行检点言行的教育就是教育他们不要饮酒,不要和商人一起喝酒!这个"教育片"和"反腐倡廉"的教育当然是牛头不对马嘴。那么,它是否能起到检点干部行为的教育作用呢?这个我就不知道了。实际上,这个"教育片"有没有在干部教育中放映过,我也不知道,也从来没有去问过。就让它去吧!

六、 退而未休

应聘

2001年5月,我退休了。从1960年到现在长达41年的在职工作终于结束了!我的新生活又将开始。

回顾在文学所这整整10年间,本着坚持改革的精神,我主要做了3件事:一是通过制订、完善各种规章制度,形成良好的工作秩序和团结祥和、奋发有为的学术氛围;二是通过开门办所,加强了文学所与各文学艺术、学术单位以及领导部门的联系与合作,扩大了文学所的社会影响;三是倡导和推行文学所科研方向的转型,调整了办所方针,扩大了研究的领域,适应了社会发展的需要,又培养了一批人才。当然这些工作不是我一个人做的,而是文学所领导班子和全所同仁通力合作的结果。我非常怀念我们那个领导班子!我先后与陈伯海、王文英合作,其最好的形容词就是"默契",而与所长助理、党总支副书记、办公室主任、学术秘书以及各研究室主任的合作,最好的形容词也是"默契"。正因为默契,所以才事事顺畅!

我是2001年5月正式退休的,其实早在两年前(即1999年),我就已经主动向院领导提出让我退休,并且自作主张开始让副所长王文英主持全所工作。这样做的目的只有一个:当我退休时,我原先的任职早已有人接班,对所里的工作不会产生任何消极的影响。而我之所以主动提出退休,更是经过深思熟虑的。一是按干部政策,一般到60岁即退职退休,我已64岁。按照我多年的习惯,凡是事关自身利益的事情,我应主动退让,不要让领导为难,何况我本来就不"恋栈"。二是该年我参加院里"中心组"学习或所长、书记会议,发现有几位与我同龄甚至比我还小几岁的所长、书记乃至副院长、党委副书记,都已纷纷退职退休,我成了除德高望重的张仲礼院长以外年龄最大的与会者。我不能不想:我有何德何能留岗不退?三是那几年文学所有多位年满60岁的研究人员退休,非但经我审批,还要和他们"谈话",而我比他们还年长,反而不退,总觉得有些愧疚。四是我为研究员,由于研究员的职数有限制,我不退休就至少导致一位副研究员和一位助理研究员难以晋升高一级职称,我岂不成了他们前进的"绊脚石"!当我向院领导提出让我退休的要求后,院领导曾表示按规定我可以退职,但建议我暂时不退休,再协助所里工作几年。我仍坚持"全退",而且相继辞去上海社科院学位委员会委员以及东西方文化比较研究中心、文化发展研究中心、邓小平理论研究中心的副主任等职务。到2000年冬天,院领导终于作出决定,让我退职退休。2001年5月,我的退职退休各项手续办完,我便正式退休了。此时我已66岁。

在退休前,我常听人说,有些干部离退休以后,有很强的"失落感",甚至苦闷、颓唐。我分析可能有两种不同的失落感,一种是几十年来天天上班,已习惯于工作、忙碌,一旦退休便觉无所事事、空空荡荡。这是可以理解的。另一种是在职时堂上一呼,阶下百应,颐指气使,威风十足,乃至蝇营狗苟,徇私舞弊,一旦退休,便大权旁落,甚至众叛亲离。他们的失落是一种失去特权和特殊利益乃至非法利益的失落,是一种必然的失落。他痛感失落,就让他去"失落"吧!我退休后,有朋友问我有没有失落感?我说:"有的!但不是失去权力的失落,而是卸去肩上担子的'失落',我感到更轻松、更自由!不过我也可能会更忙,我还有很多事情要做,哪里还有什么'失落感'?"

退休回家后,我曾写了一首诗,以表我退休后的心曲,并以书法写成,装裱后挂在我家客厅的墙上:

六、退而未休

> 吴淞江畔听莺啼,绿洲园内车马稀。
>
> 退居茅庐未寂寥,持翰当如少年时。

我退休以后,真的"持翰"不已,多次被院、所返聘和外聘多种社会职务;参加多种学术团体活动;先后编撰出版10部学术著作;苦练隶书、篆书;多次到美国和其他地方旅游;乐于买菜烧饭做家务;经常访亲会友;还陆续写了8本给自己看的《随想录》……有人开玩笑说:"劳碌人往往退而不休。"退而未休,我大概也可算一个!还有人说,退休以后十多年是学者的"黄金时期",信然!

我退休以后的活动比在职时的头绪似乎还多一些。就先说说院、所返聘和外聘社会职务吧。

2001年5月,我退休后,文学所立即返聘我,主要做3项工作:一是继续承担和完成国家项目"邓小平文艺思想研究"和上海市重点项目《上海文学通史》的主编工作;二是给研究生上课,先后开设了"美学"、"审美心理学"、"文艺美学"和"中国古代美学十讲"等课程,并指导研究生开展课题研究;三是做些"咨询"、"顾问"工作。到2008年,我主持的课题俱已完成,便主动提出解除返聘。

可能是种巧合,2008年,我刚解除文学所的返聘,就和袁恩桢、伍贻康等人一起被聘为上海社科院青年研究人员年终考核审议组成员,参加过6年(即6次)考评审议。我曾向院领导提过两点建议:一是发现有些博士学位的青年研究人员,却缺乏独立研究的能力,有个别人还不务正业、忙于赚钱,建议以后引进人才,一定要考核他们的实际能力和工作态度;二是发现不少能力很强、成果丰硕的青年才俊,建议通过各种特殊的方法和途径,加速培养这些优秀人才,让他们尽快脱颖而出,千万不要搞平均主义,普撒"胡椒面",指出这是改变上海社科院人才"梯队"中间断档和"青黄不接"状况最有效的途径之一。2009年,我又与伍贻康等人被聘为上海社科院研究生院的"督导员",除了参与讨论研究生院的培养目标、方法、途径外,曾审阅了几位教师的教学大纲,参加了多次听课和学术讨论,督促指导教学。我也曾提出过几点建议,如除了重视导师和任课教师的教学态度外,还应重视教学内容的新颖性、前沿性、系统性和教学方法的启发性;认为研究生应是在研究中学习的学生,不应该满足于课堂教学,更应该让他们在导师的指导下开展独立研究;要在研究生中营造刻苦自学、相互切磋的良好的学术风气,而不应该仅限于听课。我的这些建议不知究竟起了什么作用。2015 年,我已满 80 岁,便第一个主动提出辞职。我的"返聘"就此结束。

除了院、所返聘外,我还有过几次较短期的外聘以及在一些学术团体的任职。大概是从 2005 年到 2008 年,我曾被聘为《学术月刊》的编外审稿专家和上海新闻出版局出版物审读专家。前者主要审读一些学术论文是否言之有理和是否合乎学术规范。后者则主要是"政治把关",常让我审读一些在政治观上似是而非或似非而是的文章,以及有争议的文章,我曾写过几篇短评,还曾写信给该局有关领导,谈了几点看法:①对政治上的是非要严格把关,绝不能把学术问题、思想问题混同于政治问题;②判断政治上的对错要看总倾向,不能抓住只言片语或言不达意之处,就上升为政治错误;③有些文章本身就是探讨政治问题或政治体制改革的,只要不是明确反党反社会主义,即使有不正确之处,也应允许讨论,不要乱扣帽子。

在外聘工作中,最让我肃然的是不知由谁推荐,2002—2004 年我竟当了党中央机关刊物《求是》杂志的"第一读者"。在此期间该刊每期都寄给我,还附寄内刊《红旗》杂志以及各地"第一读者"对《求是》的赞扬文字。我寄去过 3 篇短评文章,第一篇是对"第一读者"的名称提出异议,认为"第一读者"既不是第一个最早读到该刊的读者,更不是地位最高、第一重要的读者,名不符实,不如改称"读刊员",甚至还可以聘一些"评刊员"。我还指出《求是》是党中央机关刊物,但不是中央决议或文件汇编,应该是可以评论和批评的,而有些"第一读者"的所谓"评语",大多是"深刻"、"全面"、"及时"、"深受教育"、"极大启发"之类的套话,作为中央机关刊物,在附件中不应该刊载这种不读文章也可以写的、没有实际内容的套话、奉承话。第二篇是将《求是》与附寄的《红旗》做比较,认为《红旗》上发表了不少探讨性、理论性的文章,《求是》杂志是理论刊物,除登载中央文件、领导人文章和一些总结报告外,也应该对一些重大理论、实践问题进行探索、讨论,加强理论性和指导性。第三篇是 2003 年 8 月写给该刊"负责同志"的,主要就该年年初起,我国许多地方都爆发了严重的非典型肺炎(SARS,简称"非典"),北京是重灾区。此事引起世界瞩目,人民焦虑,中央揪心,各种媒体天天报道、评论,而《求是》杂志却反应迟缓,直到 7 月才发表赞扬性的极短的评论。我对此提出了批评意见,认为这是该刊工作中的一个失误。我在当"第一读者"期间,之所以写这 3 篇建议性的和批评性的文字,是因为我关注、支持、拥护这份党中央的机关刊物,认为这是我这个"第一读者"的职责,同时也是一个基层共产党员的权利和义务。此信发出后,没有收到任何回音。可能是该刊的"负责同志"没有看到我的批评信,或虽然看到了因工作太忙而无暇回应一个普通的"第一读者"。

我退休后,除了上述返聘和外聘外,还继续担任原已担任的一些学术团体的职务。一是中国文艺理论学会理事。二是上海美学学会副会长兼文艺美学委员会主任,后因年满 70 岁而改任顾问。三是任上海市哲学社会科学评审委员会专家组成员,评审课题立项、出版资助、学术著作奖、学术贡献奖等。我觉得担任一些学术团体职务不为名、不为利,可以多交一些朋友,得到更多的学术信息,通过会议、审读、评议,可以促使自己思考一些理论问题,学到一些新知识、新理论,还可以更广泛地接触到一些学科外的社会问题,有助于克服因退休在家而闭塞寡闻。

不过,我反对空骛虚名。不知从何时起,国内掀起了一股"名人录"、"名人传记"、"名人辞典"、"名人信息库"之类的热潮。据说只要花几个钱,在这些东西上面登载一个小传,就可以成为"名人"!又听说这是从外国学来的,这大概是可信的。因为在 20 世纪 90 年代,我常在报纸上看到介绍某些专家学者时,往往要加上此人登上了外国某种"名人录",好像只要被高鼻子、蓝眼睛的外国人承认是"名人",马上就身价百倍!我也非常"荣幸",不知为什么,我也被外国人盯上了。从 1994 年到 1998 年,我陆续收到英国剑桥国际传记中心(IBC)16 封信、美国传记学会(ABI)12 封信,都把我大大赞扬一番,要求我提供我的小传,登在他们的"传记词典"或"名人录"上。条件很简

◎ 2007年,出席上海市社科界学会资深会长座谈会

单,只要付相当于人民币数百元到一两千元的"刊登费"或曰"购刊费",就可以让我名扬全世界!我没有应承,一是我还没有弄清楚这些"中心"、"学会"有什么"来头";二是我是不是名人,为什么要外国人来承认和宣扬我;三是他们的收费并不多,这点小钱我还出得起,但我绝对蔑视花钱买名!只要你收一分钱,你就另请高明吧!后来我才知道,这些外国人的"名人录"、"传记词典"之类的东西,既有严肃性、学术性,又是一种戴上花冠的"生意经"!我很庆幸自己没有变成那种"商品"!但是我们国内的某些"文化生意人"却始终乐此不疲,组织乃至虚构了无数的"协会"、"学会"、"纪念会"、"研讨会"以及"名人录"、"名人传记"之类的东西,广发"通知"、"布告"。我竟收到了几十封这样的"邀请函",无非是要我付钱!最有趣的是他们为了赚钱,还"封"我一大堆"头衔",诸如"副会长"、"副主席"、"顾问"、"主席团成员"、"学术泰

斗"……最滑稽的是竟封我是"艺术大师"、"功勋艺术家"！这些人扯淡真是扯到冥王星上去了！对于这种可笑的东西，我只能见过就撕，但笑过以后也不能不思考：这种"生意"为什么还能做得下去？究竟是什么人愿意花钱买这种虚名？社会应该如何对待这些徒有虚名的人？

当然，我并不是一概反对这类东西，事实上我也多次登上"名人录"、"名人词典"之类。有些学术团体和学者经过调查研究，编纂各种学科词典或各行各业的名人录，反映各行各业的成就和发展态势，表彰包括科学家、艺术家在内的各种先进人物的杰出贡献，为人们树立学习的榜样，这当然是非常必要、十分有益的。不过，这已是实至名归，而不是前面所说的徒骛虚名了。

畅游"辞海"40年

我曾参与编纂和主编过多种辞书，说起我与《辞海》的关系，真可谓说来话长。早在1978年冬，我就意外地接到一个任命，任《辞海》"文艺理论"学科"统稿人"。旧版《辞海》刊行于1936年。1957年毛泽东同志倡议重新修订，并把这项任务交给上海，1965年出版了"未定稿"。"文革"中因受极左思潮严重干扰，所以1978年决定重新修订。我接到"文艺理论"原条目后，不由暗暗吃惊！想不到我从事多年的学科竟如此贫乏，只有200多个术语、概念，而且深受"左"倾思潮的影响，我这"统稿人"实际上大多要重写。

为了广泛听取权威专家的意见，我和《辞海》"现代文学"学科统稿人鄂基瑞同志一起到北京，登门拜访了茅盾、夏衍、蔡仪、冯牧等前辈作家、理论家。那时茅盾先生已经病重，是由他的家属扶着到会客室来接待我们的。当他知道我们是为修改《辞海》而来，便说这是一件功德无量的事情，要为青年人、为后代人留下一部最有价值的工具书。我们向他请教了关于二三十年代的"革命文学"论争、"两个口号之争"和关于"左联"成立前后的情况。他说话已经有些气喘，但仍详细地给我们解说。要不是他的亲属进来劝阻，我们几乎已经忘了他是一位病重的老人。

那天下午,我们又到了夏衍先生家。他在"文革"中受到很大的冲击,此时已是1978年,他仍住在临时居所——一座破旧四合院的一间屋里,家里几乎没有什么像样的家具,他坐的那把藤椅有一个大洞。当时夏衍的双眼几乎完全失明,说话时老是仰着头。我们向他请教了关于鲁迅与"四条汉子"的论争、文艺家抗敌协会的情况以及戏剧、电影创作等方面的问题,他都微笑着一一作答,尤其当谈起"四条汉子"时,因为其中有他,我们还有点难以启齿,他却很开心地笑了,说:"我们那时都还年轻,有点意气用事,鲁迅先生脾气也大,说话幽默,其实没有什么大事情,哪里有他们(指"四人帮")说的那么严重?"正说着,突然有一只大黄猫跳到他的怀里,他用手轻轻抚着它的皮毛,就像爱抚心爱的孩子一样。看到这个情景,我差点笑出声来,原来我不久前读到一篇报道夏衍受批斗的文章。造反派问他与被打成"反党分子"邓拓的关系,他说:"我家有一只猫,邓拓家养了许多鱼,他常送鱼给我的猫吃!"是调侃,是轻蔑,也是抗争。

第二天上午,我们到中国作家协会去拜访著名文艺评论家冯牧先生,主要讨论如何肃清极左思潮影响的问题。他认为"四人帮"及其一伙严重染指《辞海》,建议我们修改时要逐条逐字地驱除他们的遗毒,并建议增写几条"四人帮"提出的代表性谬论,如"文艺黑线专政论"、"三突出"等,让后人知道这是些什么东西。那时他正患感冒,谈话时常咳嗽流鼻涕,他一面向我们道歉说"对不起",一面仍侃侃而谈,表现出对《辞海》工作的重视和对青年人的厚爱。

那天下午我们又去拜访资深美学家、文艺理论家蔡仪先生。他家的情景更"惨",他和妻子住在一间不到12平方米的狭长的斗室里,除了一张床和一张破旧的小书桌外,全都堆满了书。他就坐在床沿上回答我们的问题,我们就坐在两张小凳子上,彼此的膝盖都能碰到。我们向他请教了关于美的本质特征、典型性、创作方法、艺术风格等问题。他始终强调唯物主义与唯心主义的斗争。对于他的某些观点,我并不完全认同,但是对于他几十年如一日、始终坚持唯物论,从而成为中国当代美学四大学派中一个学派的代表人物,我是非常钦佩和尊重的。我们谈得正欢,他的夫人拿了一只淘米箩走到他身旁,叫他让一让。他站起后,夫人便从那床底下拖出一只米袋子,盛了些米在淘米箩里,原来她准备烧晚饭了!蔡仪先生有点尴尬,笑笑说:"这地方实在太小了,请你们别见笑!"看到这种情景,我们哪里还笑得出?心中只有对蔡先生的敬和对"文革"的恨!这也引起我的联想,其实那时我家4口人也住在一间不到11平方米的斗室里,非但放不下书桌,连床也无处放,只得天天早晚打地铺、卷地铺。我无处看书写东西,便捡了些破砖和油毛毡,在晒台上搭了一间不到2米高、只有1.5平方米的四面通风漏水的"陋室",这就是我的"书房"。我的许多美学论文和著作就是在这个夏天如蒸笼、冬天如冰窟的"书房"里写成的。在这一点上,我和蔡仪先生倒是"同病相怜"!其实,在"文革"中和"文革"结束后不久,许多知识分子都有这样的遭遇。

  从北京回来以后,我便集中精力修改、补充,经过几个月的统稿,《辞海》第三版终于在1979年国庆30周年时出版了。此书曾获上海市哲学社会科学优秀成果奖的特等奖。

  《辞海》编委会有一个规划,每过10年要修订一次。所以1985年《辞海》又要修订了。这一次却聘我为"美学"学科主编,而且开始任《辞海》编委会委员。对于这种聘任,我猜想可能有两个原因,一个可能是出于蒋孔阳先生的推荐。原来早在1981年,冯契先生发起编纂《哲学大辞典》时,蒋孔阳先生任副主编兼其中《美学卷》的主编,我只是《美学卷》的编委。但是这部100多万字的《美学卷》单行本,却是因蒋先生的委托,由我统稿完成付印的,蒋先生对我的工作非常满意,所以推荐我任《辞海》"美学"学科主编。另一个原因可能是从70年代末到80年代初,我发表了《试论"共同美"》等多篇美学论文,而《哲学大辞典·美学卷》又是在上海辞书出版社出版的,该社领导和《辞海》编委会对我有些了解,所以让我担任"美学"学科主编和《辞海》的编委。当我接手这个新任务后,增加了一些新词目,修改甚至重写了由上海和外地美学家撰写的初稿,尤其是删除了一些"左"的观点和提法。1989年国庆前,《辞海》第四版出版。此版曾荣获首届国家图书奖的最高奖——"荣誉奖"。辞书出版社曾将这个"荣誉奖"的奖状复印件寄给我。我未向任何人提起,在填写本人履历"获奖情况"时也从未填写过。一是觉得这是集体项目,不是我个人的;二是我虽担任数种评奖的评委,但对我本人获得什么奖不是很看重,更不愿张扬。

1996年再次修订《辞海》"美学"条目时,我不再要求编委会另请撰稿人,全部由我个人修改、补充、润色,并根据我对美学的理解和研究专长,增加了许多关于审美和审美心理方面的条目。此版于1999年出版,是为第五版,曾荣获中国辞书奖"特等奖"。到2006年,当我第四次修订《辞海》时,又增加了一些新词目,删去了一些过时的词目,以反映美学的发展。2009年出版了第六版。2010年春天,我出席了中共中央宣传部和中国新闻出版总署在北京人民大会堂隆重举行的《辞海》第六版表彰大会,中央领导人李长春等人出席,并与《辞海》主编、副主编、编委和各个分科主编合影留念。此时《辞海》的各种版本已累计发行600万套,各学科分册已发行千万册。想到此中也有我的一份劳绩,确实有种成就感、荣誉感!

◉ 2010年,应邀赴人民大会堂出席中共中央宣传部、中国新闻出版总署召开的《辞海》出版总结、表彰大会

到21世纪初,《辞海》编委会根据学科的发展和广大读者的需要,又策划编纂一套规模更大,收词、字数比《辞海》大几倍的《大辞海》,按学科分类分卷出版。我又成了《大辞海·哲学卷》中的"美学"分科主编。我便以《辞海》的原有词目为基础,又根据美学的发展和我的研究所得,增加了许多新词目,对每个词的释义更是做了修改、补充。《大辞海·哲学卷》于2003年首版,是《大辞海》数十卷中首批出版的分卷。到2015年,《大辞海》也要修改再版了,我又投入了修订工作。

我的辞书编纂工作,除《辞海》和《大辞海》这两种多学科、综合性的大型或特大型辞书外,还参与或主编过两种不同学科的专科辞书,一种是美学专科辞典,如《美学大辞典》等(此事前文已叙);一种是中国现代文学辞典。

我的研究方向是文艺理论和美学,以前虽然撰写和统稿过《中国现代文学史》,但不是我的主要专业,所以我参编《中国现代文学词典》纯属意外。当鄂基瑞同志1984年发起撰写此书和撰稿过程中,我从未参与过他们的活动。到1988年,鄂基瑞收齐30多位作者的初稿后,发现还缺漏了许多作家、作品的条目,尤其是有些稿子写得比较粗糙或不合辞书规范,由他一个人统稿难度很大,这才约我补写若干条,并请我和他一起统稿全书。这个词典的体例结构很有特色,含名词术语、社团流派、人物(作家)、作品、文学形象、文集、丛书、文学报刊、出版、故居、纪念馆、文学馆以及文学年表、作协理事名单、获奖作品一览等,尤其是在介绍每位作家的生平后,还附有该作家的作品目录、发表年月及出版社等。全书122万字,1990年出版,是当时最早也是最完整的中国现代文学辞典。此书不设主编、副主编和编委,只署了38位"撰稿人"的名字,我排在鄂基瑞之后,是第二撰稿人,实际上就是两个统稿人之一。

从1978年起,我在"辞海"里已经畅游了整整40年!参与了十多种辞书的编纂工作,涉及文艺理论、美学、中国现代文学3个学科,头发都已经熬白了,真像人们常说的"即使没有功劳也有苦劳"。我曾多次听人说编撰辞书是"得不偿失"。此说有理!其理由有三,一是有的撰稿人费尽心血写了若干条,在有些单位却不算学术成果;二是我当正副主编或统稿人,大概可算是学术成果了,但是我如果要出论文集或著作集,这些词条、释义都无法收入其中;三是撰写辞书的每一条都要查许多资料,尤其要弄清该条内容在当前学界有何新的发展,都需要耗费大量精力和时间,但每条字斟句酌,只有几百个字,甚至更短,而稿费却是按字数算的,所以稿费很低,若以精力、时间的耗损计算,它的报酬是最低的了,真可谓"名利双丢"啊!既然如此"悲苦",我为什么40年来乐此不疲,从未懊悔?我也有3点理由:一是我历来主张学术要面向大众,要让广大读者尤其青年人接受、理解,辞书就是普及知识、学术的最好途径之一,也是提高全民族文化水准的重要途径之一,我何乐而不为?二是我长期以来都是"双肩挑",社会活动、党政工作差不多已占据了我的全部时间和精力,已很难再以连贯、完整的时间去写大部头著作,所以我到文学所后,放弃了原拟的《情感研究》和《电影美学》这两部专著的写作。但是审读、撰写辞书的一些知识性词条却可以利用零碎的时间,可以一有空就写上一两条。我参与编纂的那么多辞书大多是这样写成的。三是在编纂辞书的过程中,为了编选词目、精确释义,我必须全面研究我参与过的3个学科的历史与现状,这是个重新学习、更新知识、提高学识水平的过程,而且撰写释义,文短而义精,来不得半点马虎,可以养成严谨踏实的学风和文风。所以我常常是怀着敬畏之心动笔的。直到2017年我已81岁,还在为《辞海》第七版修改"美学"条目。如果上天假以天年,我以后还可以再写几条!

从《上海文学通史》到《海上文学百家文库》

1996年,文学所的科研方向"转型"已大致定型,即现实研究与基础研究并举,文学研究与文化研究并重,以上海文学、文化研究为中心。各项工作正在有序开展,发表、出版了一些上海文学、文化研究的论文、著作,但还缺少几个系统梳理上海文学、文化发展的涵盖面更为深广的大项目。经过学术委员会和所务委员会研究,决定由陈伯海主编一套《上海文化通史》,由我主编《上海文学通史》,并且一起向上海市哲学社会科学规划办公室申请资助项目,不久均获批准,成为上海市哲学社会科学"九五"规划中长期课题,即重点项目。我的主攻方向是"文艺学",含美学和文艺理论。我之所以敢于承担这个文学史项目,一是因为文学、文化和文学所发展的需要;二是文学所已有几位上海文学研究专家;三是我以前曾撰写、统稿、出版过《〈中国文学发展史〉批判》(属古代文学)和《中国现代文学史》(属现代文学),参加过《中国近代文学史》部分章节的撰稿,主编出版过《上海文学批评五十年·理论卷》,还参与统稿过大型的《中国现代文学辞典》。这些著作都与上海古今文学密切相关,有的还以上海作家作品和文学史研究为主。

  我初拟全书主旨和大纲。主旨是探讨上海文学与上海城市发展互动的客观规律及其对发展当今文学、文化的启迪意义。要求厘清上海文学发展的渊源、轨迹及其兴衰的内外因;阐明上海文学的特征及其在全国文学中地位的变迁。确立本书结构、体例为"四通",即纵向贯通上海古今文学,展示上海由中国文学的边缘逐步走向中心、成为中心的历程;横向连通上海文学与外地文学、外国文学的关联以及中外文学在上海文学中的交汇融合;内向沟通上海文学创作与文学批评、思潮、社团、流派、出版相互生成、经纬互动的机制;外向沟通文学本体与上海城市、历史、经济、政治,尤其是文化的血肉联系。此书分为四编,除对每编提出上述共同思路外,又提出各自不同的要求。第一编为上海古代文学史,从魏晋到清代,由夏咸淳、孙琴安撰稿。由于此段上海文学以前从未有人整理过,要求他们竭尽全力发掘史料,梳理脉络,阐明上海文学由中国文学的边缘逐步走向中心的历史进程,使之成"史"。第二编为上海近代文学史,由于撰稿人袁进曾主编出版过《上海近代文学史》,因此要求他发掘新史料,提出新思路、新观点,尤其要讲清上海近代文学的巨大变革与上海城市近代化之间的渊源关系。第三编是上海现代文学史,负责人是王文英。由于她曾主编出版过《上海现代文学史》,除了要求她重新组织史料、提出新的思路外,尤其要阐明上海成为全国文学中心的缘由、标志、作用和影响,并请南京大学的朱寿桐、复旦大学的孟金蓉这两位学者参与撰稿。第四编是上海当代文学史。"文革"前17年文学由上海师范大学杨剑龙撰稿,要求他阐明上海文学由全国文学中心复降为地域性文学的根由,要克服否定一切的偏颇,对该时期的一些主要作家作品要作客观的历史的评价。上海新时期文学由戴翊撰稿,要求他阐明上海文学在改革开放中所呈现的多元多维的新格局、新面貌及其与上海经济腾飞、城市高速发展之间的互动与落差。

我初拟大纲后,举行了几次作者会议,交流了思想,充实了大纲,并开始分头撰稿。我也开始撰写全书"绪论",有3个内容:①上海文学由全国文学的边缘走向中心,二度成为中心后再复归为重镇的历史轨迹,及其与上海城市、经济、政治、文化发展的关系。②上海文学的特征:开放、多元的发展态势;敏感、进取的文化心态;求变、求新的创造精神;人生、人文的精神追求。③本书的体例、结构。

2001年,各编初稿均已完成,此时我已退休,可以集中精力读稿。我感到这几位作者都非常认真,表现出深厚的学识功底和才华,但也发现一些不足之处。例如,第一编发掘了许多新史料,但串联不足,尚未成"史";第二编对史料作了全新的组织和评判,是四编初稿中质量最好的一编,但还有许多技术性问题需要处理;第三编有新意,史料有剪裁,但结构尚需调整;第四编是当代文学史,写作难度较大。"文革"前的内容写得不够丰满,可能在写作时受到否定"17年文学"思潮的影响,对该时作家作品批评得多了些,肯定得少了些;而对"文革"后上海文学的论述基本上是作家作品论,缺乏历史的连通和论述。我分别与他们谈了我的看法,请他们修改。2002年,我收到了他们的修改稿,感觉质量有明显提高,但又发现一些欠缺之处,又请他们再补充、修改,是为第三稿。当收齐作者们撰写的三稿后,我便开始动手修改、统稿,如矫正个别不精确的史料,修正一些欠精准的观点、提法,并做一些文字的修饰,尤其是对新时期上海文学部分,还根据作者提供的史料,重写和增写了两节。当我修改完毕,又通读全文,再加以润色,是为第四、第五稿。2003年交到复旦大学出版社后,又根据编辑提出的修改意见,我修改了第六稿。编辑在稿纸上做了技术处理和若干文字、概念修改,并收集了大量图片,可谓第七稿。我作为主编,审读经处理后的第七稿时,又做了若干内容的调整和文字的修饰,可谓第八稿。当正式付样前,我又通读了样稿,又作了一些修饰,终于定稿。这部103万字的《上海文学通史》,在9位作者的通力合作下,经过9年的努力,前后修改了9遍,终于在2005年5月正式出版了!

我之所以如此不厌其烦地唠叨此书写作的全过程,是为了发一声感叹:为了一部书,我们这些作者、编辑付出了多少的心血!也是为了发一点感慨:主编真不容易当!我觉得主编有多种多样,有一种"权威主编",只要提出自己的构思或大纲或只要写篇"序",无需参与撰稿、统稿,便大功告成;还有一种"聪明主编"或曰"权势主编",既不撰稿,又不审稿,更不统稿,只要交代一下"任务",再签上自己的大名,"主编"就当成了!甚至还同时当多种学科、多部著作的"主编"。这倒有点像古人说的"不著一字,尽得风流"!可惜,这个"风流"只能反其意而用之!我不是"权威",并不"聪明",更无"权势",所以只能当"笨主编"、"苦主编",忙碌9年才出一本书!

此书出版后,我们和复旦大学出版社合作,在上海市作家协会举行了新闻发布会和专家座谈会,上海和外地有好几家报刊做了报道和评论,认为此书是中国第一部都市文学通史(城市文学通史)和地域文学通史,开创了都市文学、地域文学研究的先河,具有示范性;由于上海在清末民初和30年代两次成为全国文学的中心,成为中国近现代文学的缩影或典范,所以总结上海文学发展的规律及其特征,具有全国性意义。2006年,本书作者将此书送交上海哲学社会科学奖参与评奖,获得了三等奖,后来又获得上海图书奖二等奖。

说完《上海文学通史》,不能不提到与此书相关甚至是由此书引发的另一套丛书《海上文学百家文库》。2008年,上海市作家协会和文学发展基金会有感于已经出版的《上海文学通史》等众多研究上海文学史的学术著作,便想编纂、出版一套从近代、现代直到1966年"文革"前上海有代表性作家作品的"文库",以期与文学史研究著作配套,共同展示上海文学的发展轨迹、成就和特色。于是便在该年成立了一个由上海著名、知名作家、评论家26人组成的编委会,由作协党组书记徐俊西任主编,作协副主席王纪人、陈思和、王晓明任副主编。我则是"外聘"的副主编,主要负责全书的编目和审阅各卷所收作家作品的目录以及每位编者所写的"编后记",并与王纪人共

⊙ 2010年,任责任副主编、集体编纂出版的130卷《海上文学百家文库》举行新闻发布会后,与上海作家协会主席王安忆(右一)、副主席王纪人(右二)、陈思和(左一)合影留念

同负责编委会的日常工作。《海上文学百家文库》共收入270位作家,几乎网罗了从龚自珍到"文革"前上海所有著名、知名的和被历史烟尘湮没多年的重要作家,以及他们的代表作品。2010年出版时,竟达皇皇130卷,约6 000万字!这是上海文学出版事业中规模最大也最完整的一套丛书。

我除了编目和审稿外,还自编了一本《刘大杰、陈子展、赵景深卷》。我们这一代人只知道他们是著名的文学史家,却很少有人知道他们在20世纪二三十年代还是活跃于文坛的作家。为了"钩沉",也是为了尽我作为学生的尊师之谊,我从那些发黄、发脆以至难以辨认的报纸、杂志中搜寻出他们早期的作品,编印成册。同时,编这卷书又是为了"还债"。1958年,当我还是中文系三年级学生时,正值全国掀起"批判资产阶级学术思想"的运动,复旦确定批判刘大杰的《中国文学发展史》。我为了响应"在批判中学习,在斗争中成长"的号召,不仅写了批判文章,而且奉命将全系师生写的批判文章编辑、统稿为《〈中国文学发展史〉批判》一书,由中华书局出版。此后我越来越觉得那种所谓的"学术批判",虽然未涉及政治问题,但是在学术上却是片面、武断、简单化的,总觉得欠了刘先生一笔债。现在我终于找到了一个还"债"的机会。此书出版后,我送了一本给复旦大学中文系,让复旦师生可以读到3位前辈老师的早期作品,算是我给母校的微薄的"奉献",更是还了我拖欠已久的"心债"!遗憾的是,当此书出版时,刘大杰先生和陈子展、赵景深先生都已作古多年了!

乐练书法,怡情悦性

我从年幼时就喜欢书法。6岁进私塾读书,每当老师写毛笔字,我总喜欢站在旁边看,还帮老师磨墨。老师很高兴,便教我如何握笔、如何书写。那时买不起纸,也没有描红簿,就买了块白漆的木板,我在木板上写字,写好后擦掉再写。后来还学会了在一块方砖上用蘸水的毛笔写字,砖头汲干水以后再写。所以我写毛笔字与识方块字是同时开始的。1947年我到上海后,先后在惠恒小学、中国小学读三年级、四年级,这两所学校每年都举行书法比赛,让我们在十六格的仿纸上临帖,我临的是《颜鲁公》。比赛结果,我在两校都得了全校第一名!

1949年进入初中以后,学校里不再提倡写毛笔字了,我不得不与毛笔依依惜别。不料这一别就是40年,直到1988年,我在复旦艺术教育中心任常务副主任时,因筹办全校性书画展,我才重新拿起久别了的毛笔,写了幅条幅展出。过了几年还听人说,在复旦举行的另一个书画展上,我的那幅字也在其内。有朋友问我,从来没有看到你拿过毛笔,怎么还有那么几下子?他们哪里知道我手里没有毛笔但心中有笔,我的书法"情结"从来没有消逝过。自从与毛笔告别后,没有机会"练"字,我就"看"字。每逢上街,我对那些红红绿绿的商品不感兴趣,却老是仰头看商店的招牌,诸如"老大房"、"宝大祥"、"鹤鸣鞋帽商店"、"中国银行"……凡是美好的书法,我都痴痴地看,看,看!还在心中默念,用手在肚皮上比划,回家以后还用铅笔、钢笔一笔一画地描摹。这大概可算是不临帖的"临帖"。记得有一次偶然发现一张上面

⊙"天下为公"(楷书)

印有毛笔字的商品包装纸,我连忙把它撸平,揣摩这些字的笔法特色。还有一次我在旧书店发现一本屈原《离骚》的手书影印本,连忙把它买下来,既作为文学经典来阅读收藏,又作为字帖来临摹。可惜在"文化大革命"中,竟被红卫兵当作"四旧"抄家没收掉了!

退休以后,我可以"重操旧业",练练书法了。但是那时手头还有几个科研项目和其他工作,也只能"两天打鱼,三天晒网",挤时间临时写几张过过瘾。2009年,复旦大学文人书法学会举办国际文人书法研讨会,邀请了日、韩、美和中国的书法家与会,该学会负责人唐金海邀请我参加,我便和与会的中外书法家一起挥毫献字,写了两幅行书,在一个相当规模的书法展上展出。此时我手头的科研任务已经完成,可以较多地参加书法活动。例如,为美国华人文史杂志《长风》题写封面刊名;参与文人书法学会在青浦和浙江桐乡分别举行的书法研讨会并书写多幅条幅、中堂;受华东师范大学图书馆之邀,两度参加春联书法会;数次受上海社科院工会主席徐霖恩之约为庆祝国庆等活动参加小型书法展;为纪念高中毕业50周年,我写了一块"师恩永铭"的匾额献给我的母校北郊中学;2015年写了3幅字,一行、一隶、一金文,装裱后挂在文学所走廊里;2017

⊙"长风"(行书,为旅美华人创办的文史学刊《长风》题写封面刊名)

年写了一幅小篆、一幅金文,参加上海市委宣传部举办的书画摄影展……至于为朋友、亲戚、家人所写的,那就更加难以计数了。

在2004年前,我大多练行书、草书,后来因与同为上海美学学会副会长的书法家张森交了朋友,他是著名隶书书法家、上海书法家协会副主席,我就半打趣半认真地对他说:"我拜你为师,你得认真教我!"从此我就开始练隶书。再后来我买到一本侯德昌编录、书写的《篆书艺术》,又引起我对篆书的兴趣。于是我便学写小篆。由于小篆与金文颇多交织,而金文又与甲骨文常难分彼此,于是我又开始学写金文、甲骨文。先在宣纸上细心描摹,后来为了便于记忆和查找,便用浓墨水笔在稿纸上以拼音字母为序排列,抄录行草的常用字和异体字,竟陆续写了几十页、近5千字(含各种异体字)的"选字表"。到后来越发不可收拾,我学隶书时就选择、抄录常用字和异体字的隶书"选字表",学小篆、金文、甲骨文时,又依次选择、抄录这些书体的"选字表",先后竟写成了"行草"、"隶书"、"小篆"、"金文"、"甲骨文"共5册"选字表"!除甲骨文选字较少外,其余4册均收入4 000~5 000字。在这5个册子里,除各字体的选字外,还用各种字体书写了许多前人的诗词、散文、格言,分别装订在那5个册子里。这项工作比较繁琐,也很花时间,但我却乐此不疲,兴味盎然。这不仅让我学习了各种字体,增强了记忆,欣赏到不同书法艺术的美,而且还有意外的收获,粗略了解了中国汉字和书法的历史变迁,体验到我国传统文化的民族特色。

我学写毛笔字已几十年,练书法也已十多年。每当书意汹涌,便铺纸

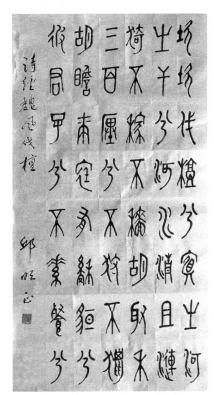

◉ "《诗经·魏风·伐檀》"(小篆)

磨墨，正襟危坐，心无旁骛，目不邪视，凝神结思，挥笔疾书，比写论文还用功！既痛快，又潇洒，既可以获得许多知识和乐趣，又可以练身体、练头脑，修身养神，移情悦性，真可谓其乐无穷，乐在其中！

向往旅游览胜，安享天伦之乐

我酷爱旅游，每当身临湖光山色之间、名胜古迹之前，往往浮想联翩，陶然醺然，乐而忘返。但是，我真正算得上尽兴旅游的，却是在我50岁以后和退休以后的事情。

记得我在读大学的时候，每逢学校放春假和暑假，便有同学结伴到杭州、苏州等地旅游，回来后还相互交流观感、收获，而我只能"旁听"他们的议论、欢笑。那时我家经济上十分拮据，每月只能给我12元钱，连吃饭钱都不够（那时学生的伙食标准是每个月12.5元），哪里还有钱去旅游？所以我在读大学5年间，竟没有走出上海一步！不过别人旅游时，我也没有闲着，那就是利用假期拼命读书，其中也读有关旅游的书，《徐霞客游记》、《老残游记》就是那时候读的。

毕业以后，原以为有了工资收入，可以迈开大步出去旅游了，不料连续3次下乡搞运动和办复旦分校试点，紧接着又是"文化大革命"十年，"文革"后又是百废待兴，忙于教学、研究和工作，不说无暇旅游，即使偶尔想出去走走，也因囊中羞涩只得作罢。那时我家5口人，两个孩子和岳母挤在不到11平方米的蜗居里，我和妻华馥仙两个人的工资加起来才100多元，只够吃饭穿衣，哪里还有余资"出去白相相"？

我的旅游是从20世纪90年代开始的，这时我俩的口袋里有点余钱，便一家人到上海的一些景点去看看，感受上海城市的发展。后来又从市内游发展到国内游，因为我外出参加各种会议的机会多了，而我所在单位和我参加的一些学会、协会，也不时组织参观访问，于是便在会议、参观之余，有机会游山水、访胜迹，到过北京、西安、延安、杭州等城市，张家界、三清山、武夷山等风景区以及江浙一带的古镇，真是大开眼界，感受到祖国大好河山之美。但是美中也有不足之处,一则都是国内游,未出国门一步;二则都是我一个人随团游历,无缘和家里人同享旅游之乐。

这个缺憾,到我退休以后终于得到补偿。这时我的女儿、女婿都已在美国获得博士学位,都有了一份不错的工作,我儿子也从澳大利亚和加拿大分别获得硕士学位,成为"双硕士",于是我们夫妇俩便有了出国旅游的机会。

◉ 2006年,与在加拿大多伦多大学读研究生的儿子邱烨摄于多伦多机场

我们第一次到美国是2000年冬。出发之前,我备了一本《旅美日记》,在这本日记的扉页上,我写了这么几句话:

  这是我第一次到大洋彼岸——美国去
    要多看多听多思多记
  不要戴模糊视线的有色眼镜
    更不要做那可笑又可怜的刘姥姥
  要以平常心客观考察和辩证分析
    美国社会、美国文化、美国人

2006年，与女儿、女婿在美国阿拉斯加游轮上

我们先后5次到美国探亲，在女儿陪同下，游历了十多个城市和景点，从北方的尼亚加拉大瀑布到南方德州的达拉斯，从东部的纽约到西部的西雅图，还曾到过寒冷的阿拉斯加，大致领略了美国辽阔的疆土、丰富的物产，尤其是先后参观了普林斯顿大学、耶鲁大学、杜克大学和纽约大都会艺术博物馆等处，更感受到美国教育、科学、文化的发达。但我从美国媒体上看到，在美国3亿人口中，竟有4000万左右的穷人靠领"食品券"度日，而在费城和华盛顿，我还亲眼看到衣衫褴褛、蜷缩在屋檐下的

2006年，在阿拉斯加旅行时留影

◉ 2000年冬,访问美国杜克大学

乞丐。我曾多次到纽约,从第五大道、洛克菲勒中心、时报广场等地,可以看到美国的富裕和繁华,但在那地铁站和贫民区,又是那么的陈旧、破败和肮脏。尤其令我惊异的是有两次到纽约去,车行到哈得孙河时,都要等待10~20分钟,才能进过河的隧道。我不由纳闷,美国经济,科技那么发达,为什么不像上海那样在黄浦江多造几座大桥、多辟几条隧道?后来,我从美国媒体上看到一个消息:经几方协议筹措,准备在河上造一座新桥,可是几年以后,我从媒体上又看到那座桥还没有动工!

◉ 2006年,摄于纽约时代广场

记得2001年时,有人问我对美国的观感,我说美国的确很先进、很富裕,但也有落后的地方和贫穷的人。对于美国的富裕,我并不羡慕,我相信我们中国人也会逐步富裕起来。但有一样东西,却真的让我很羡慕,那就是美国那广阔无垠的森林和城市里的绿荫。因为不久前,我到北卡罗来纳州的罗利看望一位亲戚,其时她正准备买一幢新建的小别墅,便带我到建筑工地上去参观。工地就在这座城市的原始森林边,只见那些建筑工人,有的在砍树,有的在造房。原来他们那里不是造了新屋再植树搞"绿化",而是在已有的原始森林里挖掉一些树,腾出地方造新屋,所以新屋主人就住在绿树环抱的森林里。第二天,我们离开罗利、开车到华盛顿去,在高速公路上快速引驰了6个多小时,竟然全都是在望不到边的森林里穿行!那时我就想我们国家什么时候也能到处绿树成荫呀?让我感奋不已的是,才过了十多年,2014年当我再到美国时,我的这种"羡慕"就大大淡化了,因为"绿水青山就是金山银山",我国的生态环境已大大改观了。

我几次到美国去,主要目的是为了探视,安享天伦之乐。有几件事常使我回味无穷。第一件是2000年,我们为了参加女儿、女婿的研究生毕业典礼到了美国。在典礼前,我们先作为旁听者参加了女儿的毕业论文答辩会。以前我参加过许多次的硕士、博士论文答辩会,但这一次仍然感到格外的新鲜,一是这种答辩会突出了以答辩人为中心,我女儿是站在讲台上讲述论文要点和回答提问的,还不时用激光棒投射身后多媒体投影上的纲目、论点、数据和图表,而不是埋头读论文;二是3位答辩委员只有一位教授坐在讲台前,另两位却在千里之外,他们通过可视电话参与答辩,他们的一举一动、提问、评议乃至翻阅论文,都清清楚楚地显示在会场里;三是和我们坐在一起的十多位旁听人也可以提问和评议,成了答辩会的参与者。我在旁听中除了觉得新奇外,更多的是兴奋、激动。我的女儿到美国学习才3年,她的美式英语竟说得如此顺畅,而她讲述论文和回答提问时,又是那样的胸有成竹,镇定自若,侃侃而谈,常听到3位教授不时发出"OK","OK"的赞叹声。我真为我的女儿感到无比的欣慰和骄傲!

第二件事是2006年,我儿子正在多伦多大学攻读MBA。我们借第二

◉ 2000年,女儿邱红在美国密歇根州立大学医学系硕士论文答辩,后又获得博士学位

次赴美探视的机会,特意绕道多伦多,看望儿子和儿媳。1个月后,儿子、儿媳也到美国我女儿家来,于是我们一家6口就在异国他乡团聚了。那天,我们在一家中国餐馆聚餐,餐馆的陈设虽然简陋,菜肴也很简单,但当我们举杯恭贺团聚时,那种发自内心的欢声笑语,至今还深深印刻在我的脑海里。这种天伦之乐到2008年以后,就更为常态了。其时,儿子和儿媳已学成回沪,女儿和女婿也常回来探视,每当他们带着孩子到我家来,或在上海餐馆里共祝我家祖孙三代团聚时,那种幸福、温馨、欢乐更是难以言表!

我80岁以后,不宜再常去美国,却又很想到欧洲去走走。儿子知道我的这个心愿后,便向公司请假,2006年专程带我们去了巴黎和罗马。在那里我们不逛大街,不跑商店,只乘坐旅游观光车把这两座名城的一些重要景点走马看花地游玩过,其余时间全部用来参观博物馆和历史古迹。巴黎卢浮宫里的《蒙娜丽莎》、《胜利女神》、《米洛的维纳斯》,罗马梵蒂冈博物馆里的拉斐尔的《雅典学府》、《圣体讨论》,米开朗基罗的《天主创造亚当》、《原罪》、《最后的审判》以及雕塑《拉奥孔群雕》、《垂死的奴隶》等艺术珍品,都令

◉ 2006年，在美国新泽西州与女儿、女婿、儿子、儿媳合影

◉ 2015年，儿子邱烨陪同参观法国巴黎凡尔赛宫

我赞叹陶醉,让我深深感悟经典艺术之美和无穷的魅力。这些历史名作,以前只能从图片中看到,现在能亲身瞻仰原作,更使我肃然起敬、为之倾倒;而当我们浏览荒芜的古罗马王宫废墟和空阔、奢华的凡尔赛宫,又感受到世事的沧桑、人生的短暂和富贵如浮云,不由更加珍惜我们美好的时光和每个人都在日益趋短的生命。旅游是鉴赏,是美的享受,更是学习、思考和感悟社会人生真谛的过程。在这次欧洲之旅中,我与老妻、爱子一面观赏,一面相互交流、切磋,共同领略自然、社会、艺术之美,不由更加深切感受到与亲人同游的欢悦和甜甜的浓浓的亲情。

我爱旅游,更爱和亲人在一起共享千金难得的天伦之乐!

结语

我的口述历史就要暂告一个段落了。

回顾往昔82年的漫长岁月,不由感慨万千!我原是个不谙世事的乡下孩子,只因风云际会,我成了一个自信满满的大学生;又因机缘遇合,我这淡泊之人竟当了诲人的教授和管事的干部,虽说不上有什么突出贡献,倒还算得上持正自守、勤勉从业。盖因每常忆起祖父给予我的命名"明正",让我谨记为人处世,要光明正大,切不可蝇营苟且,在惬心的顺境中要明智自律,常守正己之道;在恶浊的逆境中要明心自勉,不可随波逐流;做学问要勤奋治学求明理,当学者要有胆有识谋正道。总而言之,要做明白人,只干正当事。

"要做明白人",实非易事,既要明察广袤世事,又要明究事由事理;既要明判他人,正确处理人际关系,更要明鉴自己,在反躬自省中,明白自己的处事为人。反思以往,我在年轻学子之时,曾经做过失礼之事,但当省悟之后,尚能不隐己过,忏悔纠偏;在那身不由己的环境之中,也曾说过违心之言,但终能自警自悟,未做损人利己的亏心之事。所以尚能告慰先祖,亦可自慰自勉。

令我感慨系之的还在于科研方向的多次"转型":由文艺理论(含文学理论、文学批评、电影评论)转向美学(含美学原理、审美心理学、美育),又转向文学史(含上海文学通史、中国现当代文学史),还涉猎了文化理论与实践研究,凭我这平庸资质竟横跨4个学科和多个子学科!是耶,非耶?好在这些"转型"并非兴之所至,兴趣使然,亦非抓一个丢一个跳跃式地舍此即彼,而是被我所任职务、所处环境和使命感所驱使,并有着内在的连续性,加之我还有点自知之明,懂得"笨鸟先飞",未敢懈怠,所以在这几方面还做出一些勉强说得过去的成绩,并且侥幸获得了国务院"特殊津贴"。

现在我垂垂老矣,奉上这份薄薄小传,既向世人、朋友汇报,又给自己一个明鉴:我本凡人,能量有限,所幸的是我为人处事尚算明白,还曾做过一些于世有益的正事,亦即还像个正写的人,可谓不负此生了!

附录

附录一　大事年表

1935 年
农历九月初九日,生于扬州市邗江县邱港村农民家庭。

1941 年
1941—1946 年,先后断断续续在 3 所私塾读书,累计约 2 年。

1947 年
5 月到上海,先后在惠恒小学和中国小学的三、四年级读书,计 3 个学期。

1949 年
1949—1952 年,在肇光中学读初中。

1951 年
3 月,加入新民主主义青年团。

1952 年
1952—1955 年,在北郊中学读高中。

1955 年
9 月,进复旦大学中文系学习。

1958 年

受"左"倾思潮影响,在"批判资产阶级学术思想"运动中,写了 3 篇批判《中国文学发展史》的论文,并受命统编出版《〈中国文学发展史〉批判》一书。

1959 年

修改、统稿、出版学生集体编著教材《中国现代文学史》。协助上海新文艺出版社编辑出版《社会主义现实主义论文集》第二辑。

同年 9 月被选进复旦大学刚成立的文学理论研究室,"半脱产"从事文艺理论研究。同时又受命撰《中国近代文学史》最后一章。

1960 年

5 月加入中国共产党。

6 月被评为复旦大学"优秀学生"。

7 月大学毕业,分配到中文系文艺理论教研组任助教。

9 月为三年级学生讲授 4 讲"文艺理论专题"。

11 月参加上海市委组织的整顿"三类队"工作组,赴青浦县沈巷公社整治"大跃进"后遗症,任调研员。

1961 年

1961—1964 年,在中文系、外文系讲授"文学概论"课,兼任中文系教学科研秘书。

1964 年

5 月任二年级学生政治指导员。

10 月赴奉贤县参加"四清"运动,任"四清"工作团党委调研员。

1965 年

5 月,编印《文学概论》教材缩编本。

11 月率一年级学生赴青浦县三湾大队办复旦大学分校,任教学组长,为复旦大学"小三线"办分校试点。

1966 年

6 月,因"文化大革命"爆发,回校复任二年级学生政治指导员,不久成为疏离该政治运动的"逍遥派"。

1967 年

2 月,拒绝出任中文系"革委会"副主任。后任中文系教师领导小组成员。

11 月,与华馥仙结婚。

1971 年

5 月,被遴选进入复旦大学创办的大文科"五七文科",是为全国复课试点,任文艺理论教师。谢绝参加该试点领导班子。

1972 年

1972—1973 年,回到中文系,为工农兵学员讲授文艺理论,并率学员到江南造船厂"学工"、到金山县山阳公社"学农",又到鲁迅纪念馆参与复馆布展工作。

1974 年

任文艺理论教研组组长,组织《文学概论》教材编写组。

11 月被上海市"革命委员会写作班"强行召入其外围组织"常锋"组任副组长,次年 10 月借故要求回校,一年中未写一文,教材亦未写成。

1975 年

1975 年 10 月至 1976 年 7 月,为两届外国留学生讲授"文艺理论专题"课。多次接待外宾。

1976 年

10 月,任中文系文艺理论教研室主任兼党支部书记。开始指导工农兵学员研究生和外来进修教师。开始转向美学研究与教学。

1977 年

升任讲师。连续应邀发表数篇批判极左思潮和"四人帮"谬论的论文。组织教研室教师编纂、出版《马克思恩格斯列宁斯大林文艺论著选读》和《形象思维问题参考资料》。

1978 年

发表《试论"共同美"》论文,引起广泛讨论。开始参加《辞海》修订工作,任"文艺理论"学科"统稿人"。

1979 年

参加上海市委主持的"理论工作务虚会"。上海市作家协会恢复活动,被聘为文艺评论大组"召集人"。开始讲授"美学"课。

1980 年

主持"文艺学"硕士研究生招生考试工作,开始任"文艺学"专业硕士生导师。参加全国文艺理论学会庐山会议,成为该会会员。

1981 年

参加上海美学学会,任理事。

1982 年

参加全国马列文论学会黄山会议,成为该会会员。

1983 年

加入中国电影家协会,参与筹建上海电影评论学会,任理事。夏天主持全国美学讲习班。

1984 年

主动辞去中文系文艺理论教研室主任职务,继任该室党支部书记。谢辞任副系主任和破格升任副教授。

1985 年

任副教授。为全校文理科学生开设公共课讲授美学,获"教学优秀"一等奖。主持"全国美学助教进修班",讲授"审美心理学"。开始任《辞海》"美学"学科主编至 2019 年。

1986 年

出版《美学讲座》,成为讲授美学课程的教材。任上海美学学会副会长,《美学与艺术评论》杂志编委。当选上海市作家协会理事、文艺评论组组长。

1988 年

1988—1990 年,任复旦大学艺术教育中心常务副主任。兼任复旦大学高等教育研究所副研究员。

1990 年

任上海社科院文学研究所副所长兼党总支书记、学位委员会主任、"文艺学"专业硕士生导师。任上海市文学艺术奖文学分评委副主任。

1991 年

任教授。兼复旦大学"文艺学"专业博士点导师、上海市作家协会专业作家职称评审高评委委员、上海社科院东西方文化比较研究中心副主任。

1992 年

任上海市委宣传部哲学社会科学评审专家组成员、上海中长篇小说评奖终评委委员、上海社科院学位委员会委员。参加上海市委党校"局级领导干部进修班"学习。

1993 年

出版《审美心理学》。任中国文艺理论学会理事,上海炎黄文化研究会理事,上海市哲学社会科学系列高级职称评审委员会委员、文学学科组组员。

5月率团赴香港考察,发表《香港文化状况一瞥》一文。

1994 年

推动并实现文学研究所科研方向的转型,确定文化研究与文学研究并举、实践性研究与基础理论研究并重,以上海文学、文化研究为中心的办所方针。

1995 年

全面主持文学所工作,兼任文学所学术委员会主任、上海社科院文化发展研究中心、邓小平理论研究中心副主任。

1996 年

发表论文《邓小平对毛泽东文艺思想的新发展》,被多家报刊同时刊载转发。

该年被评为上海社科院"优秀党务工作者"。

1997 年

参与筹划上海市文艺理论研讨会,发表论文《略论社会主义文艺规律》。

1998 年

出版《中华文化通志·美育志》。

3月发表论文《论文化发展与综合国力》,被《新华文摘》等多处全文转载。

10月应文化部之邀赴京,在全国文化厅、局长学习班作专题报告。

1998—2001年,任《上海文化》杂志社社长兼副主编。1998年主持"文化产业"国际研讨会。

1999年

获国务院"突出贡献专家"特殊津贴。主编出版《上海文学批评五十年·理论卷》。

2000年

筹办、主持全国马列文论学会"面向新世纪的马列文论研究"讨论会暨第17届全国年会。

2001年

5月,退休。辞去上海社科院、文学研究所各项兼职。续任上海市哲学社会科学评审委员会委员、上海美学学会副会长。任《哲学大辞典》副主编、"美学"学科主编。同年被文学所返聘,为研究生上课。

2001—2014年,勤练书法,曾在多处展出。先后5次赴美国探亲、旅游。

2002年

2002—2004年,被中共中央机关刊物《求是》杂志聘为"第一读者"(读刊员)。

2003年

任《大辞海·哲学卷》"美学"学科主编。续任《辞海》2009年版、2019年版"美学"学科主编。

2004年

出版国家项目成果之一《邓小平文艺思想论稿》(与蒯大申合著),被中共中央宣传部与新闻出版总署列为纪念邓小平诞辰100周年的"推荐著作"。

2005年

主编、出版上海市重点项目《上海文学通史》,获上海哲学社会科学奖三等奖、上海图书奖二等奖。该年被聘为《学术月刊》"编外审稿人"、上海新闻出版局"出版物审读专家"、上海社科院青年研究人员年终考核评审组成员。

2006 年

续任中国文艺理论学会理事、上海美学学会副会长。

2007 年

出席上海社科界学会资深会长座谈会。

2008 年

主编出版国家项目成果之二《新时期文学三十年》。自该年起任特大型文学丛书《海上文学百家文库》副主编,负责编目、审稿。

2009 年

2009—2015 年,聘任上海社科院研究生院督导员,并任"督导组"副组长。被选为上海美学学会顾问。

2010 年

2010 年春,因任《辞海》"美学"学科主编,应邀出席中共中央宣传部和新闻出版总署在北京人民大会堂举行的"《辞海》第六版总结、表彰大会",并与中央领导人合影。该年出版任副主编和"美学原理"主编的《美学大辞典》;出版任副主编、达 130 卷的《海上文学百家文库》及其中任主编的《刘大杰·陈子展·赵景深卷》。

2014 年

出版美学论文集《文艺美学散论》。

附录二　著作目录

[1]《辞海》,上海辞书出版社,1979年版;担任文艺理论学科的撰搞、统稿。

[2]《形象思维问题参考资料》1～2辑,复旦大学文艺理论教研室编,上海文艺出版社,1979年版;担任责编、统稿。

[3]《马克思恩格斯列宁斯大林文艺论著选读》(上、下册),复旦大学文艺理论教研室编著,复旦大学印刷厂(复旦大学出版社前身),1980年版;选编经典论著,撰论著背景、内容分析与注释,担任责编、统稿。

[4]《美学讲座》,江西人民出版社,1986年版;授课讲座稿出版后曾被有些院校选用。

[5]《文学概论自学考试大纲》,徐中玉主编,华东师范大学出版社,1987年版;撰写其中两章。

[6]《辞海》,上海辞书出版社,1989年版;担任"美学"学科主编,此后继任《辞海》1999年版、2009年版、2019年版"美学"学科主编。

[7]《中国现代文学词典》,上海辞书出版社,1990年版;担任撰稿、统稿。

[8]《哲学大辞典·美学卷》,上海辞书出版社,1991年版;担任撰稿、统稿。

[9]《毛泽东文艺思想论文集》,上海市委宣传部主编,上海文艺出版社,1992年版;担任责编。

[10]《审美心理学》,复旦大学出版社,1993年版;由讲义修改为教材。

[11]《学习邓小平文艺思想文集》,上海市委宣传部主编,上海文艺出版社,1997年版;担任责编。

[12]《中华文化通志·美育志》,上海人民出版社,1998年版;与于文杰合撰,担任统稿。

[13]《上海文学批评五十年·理论卷》,华东师范大学出版社,1999年版;担任主编。

[14]《哲学大辞典》,上海辞书出版社,2001年版;担任《哲学大辞典》副主编和"美学"主编。

[15]《大辞海·哲学卷》,上海辞书出版社,2003年版;担任"美学"学科主编。

[16]《美学小辞典》,上海辞书出版社,2004年版;担任主编。

[17]《邓小平文艺思想论稿》,上海文艺出版社,2004年版;国家项目成果之一;与蒯大申合撰,担任统稿。

[18]《上海文学通史》(上、下册),复旦大学出版社,2005年版;担任主编。

[19]《新时期文学三十年——邓小平文艺思想与新时期文学》,上海社会科学院出版社,2008年版;国家项目成果之二;担任主编。

[20]《美学大辞典》,上海辞书出版社,2010年版;担任《美学大辞典》副主编和"美学原理"主编。

[21]《海上文学百家文库》(共130卷),上海文艺出版社,2010年版;担任执行副主编,负责编目、审稿。

[22]《海上文学百家文库·刘大杰、陈子展、赵景深卷》,上海文艺出版社,2010年版;担任主编。
[23]《文艺美学散论》,时代书局,2014年版;美学论文集。

后记

能协助邱明正老师完成这部口述史著作真是一件荣幸且愉快的事。

最早知道邱老师是在复旦大学读博士的时候,根据研究生院的培养计划,历史系的博士生需要跨系选课。出于自己从事现当代史研究的考虑,我选修了中国现当代文学这门课程,这也让我有机会较为深入地学习了许多在现当代文学史上留下浓墨重彩的作品。其中,刊载于《复旦学报》(社会科学版)1978年第一期的《试论"共同美"》一文中提出,在一定条件下不同阶级也存在共同的审美志趣这一核心观点,作者认为对于共同美问题,不必再绕开或是刻意回避。由于该文发表之际党的十一届三中全会尚未召开,意识形态领域还依然盛行审美观点和审美标准的阶级性差异,因此该文也在学术界引发了热烈讨论。这篇文章的作者就是复旦大学中文系的邱明正老师。此后我得知邱老师在1990年从复旦大学中文系调到上海社科院文学研究所担任领导职务。遗憾的是,2003年我来上海社科院历史研究所工作的时候,邱老师已经在两年前退休,因此一直未有谋面的机会。

2014年下半年,上海社科院科研处、老干部办公室联合启动了"老专家口述采访"项目,历史所一批中青年科研骨干参与其中,作为课题组的一员,我有幸承担了采访邱明正老师的工作,于是也就有了向他就近请教的机会。记得是在10月中旬的一个下午,我和课题组负责摄像的杨勉文来到邱老师家小区的时候,邱老师已经早早在楼下迎候,这让我俩甚是感动。在接下来

4个多小时的访谈中,邱老师跟我们讲述了他逾半个世纪的治学历程和心得,特别耐心地回答了关于《试论"共同美"》一文的写作缘由和经过。通过这次访谈,我深深感到邱老师是一位充满正义感和使命感的知识分子,从他身上可见老一辈学者追求真理、勇于探索的可贵品质。

采访项目完成后不久,上海社科院就将迎来建院60周年华诞,在王战院长和于信汇书记的直接推动下,在王玉梅副书记和谢京辉副院长的鼎力支持下,课题组在此前口述采访的基础上推出首批老专家口述史单本,《邱明正先生口述历史》即为其中之一。由于我此前已经有过采访邱老师的基础,这本书的编撰任务就交给我来完成。根据院领导的指示,丛书既要完整展示学者的人生阅历,也要突出其学术思想,这对于从事史学研究的我来说无疑具有一定的难度。经过和邱老师商量,我们决定在先前访谈的框架下,由邱老师自己撰写有关学术思想的部分,然后我来汇总并安插相关图片。

方案定下来之后大约半年时间,有一天邱老师来电告诉我,他已经将文稿写就随后给我寄来。我现在还清晰地记得打开邱老师文稿时的震撼,因为这是我头一次看到如此干净清爽的手稿,数百页的文稿全部都是手写完成,而且没有一处涂抹改动!可见邱老师做事的用心和严谨。整部文稿框架明晰,布局规整,各个章节井然有序,特别是其细致整齐、清秀隽丽的笔迹让誊录工作几乎没有任何难度。需要说明的是,由于这套口述史丛书的体例已有定制,邱老师的口述史采取由我编著的署名方式,实际上我只是协助邱老师誊录文稿和安插图片而已,其实这部著作称为邱老师的自传要更为合适。

在此还要特别感谢本书的责任编辑——复旦大学出版社的梁玲编审。梁老师和课题组合作多年,她也给这部书稿提出一些建议和意见,深得邱老师认可。其间她还经常就书稿中的相关细节,诸如时间、人物、机构名称等时时与我核实确认,堪称巨细无遗,力求完满。由于她的认真和负责,本书才得以顺利付梓!

高俊

2019年9月

图书在版编目(CIP)数据

要做明白人:邱明正先生口述历史/高俊编著.—上海:复旦大学出版社,2019.10
(上海社会科学院院庆60周年口述系列丛书)
ISBN 978-7-309-14116-0

Ⅰ.①要… Ⅱ.①高… Ⅲ.①邱明正-回忆录 Ⅳ.①K825.6

中国版本图书馆CIP数据核字(2018)第289628号

要做明白人——邱明正先生口述历史
高 俊 编著
责任编辑/梁 玲

复旦大学出版社有限公司出版发行
上海市国权路579号 邮编:200433
网址:fupnet@fudanpress.com http://www.fudanpress.com
门市零售:86-21-65642857   团体订购:86-21-65118853
外埠邮购:86-21-65109143
江苏凤凰数码印务有限公司

开本787×1092 1/16 印张13.25 字数175千
2019年10月第1版第1次印刷

ISBN 978-7-309-14116-0/K·686
定价:58.00元

如有印装质量问题,请向复旦大学出版社有限公司发行部调换。
版权所有　侵权必究